AF337434

PUBLICATIONS
DE L'ÉCOLE DES LANGUES ORIENTALES VIVANTES

L'IMPRIMERIE SINO-EUROPÉENNE EN CHINE

BIBLIOGRAPHIE

DES

OUVRAGES PUBLIÉS EN CHINE PAR LES EUROPÉENS AU XVIIᵉ ET AU XVIIIᵉ SIÈCLE

PAR

M. HENRI CORDIER

PROFESSEUR À L'ÉCOLE DES LANGUES ORIENTALES VIVANTES

PARIS

IMPRIMERIE NATIONALE

ERNEST LEROUX, ÉDITEUR, RUE BONAPARTE, 28

MDCCCCI

PUBLICATIONS

DE

L'ÉCOLE DES LANGUES ORIENTALES VIVANTES

Vᵉ SÉRIE. — TOME III

L'IMPRIMERIE SINO-EUROPÉENNE

EN CHINE

L'IMPRIMERIE SINO-EUROPÉENNE

EN CHINE

BIBLIOGRAPHIE

DES

OUVRAGES PUBLIÉS EN CHINE PAR LES EUROPÉENS

AU XVIIᵉ ET AU XVIIIᵉ SIÈCLE

PAR

M. HENRI CORDIER

PROFESSEUR À L'ÉCOLE DES LANGUES ORIENTALES VIVANTES

PARIS

IMPRIMERIE NATIONALE

ERNEST LEROUX, ÉDITEUR, RUE BONAPARTE, 28

MDCCCCI

INTRODUCTION.

Ce mémoire, qui n'était qu'un *Essai*, a paru pour la première fois en
1883, dans le volume de *Mélanges orientaux*, publié par les profes-
seurs de l'École des langues orientales vivantes, à l'occasion du
6ᵉ Congrès international des Orientalistes, tenu cette année à Leyde.
Il n'était qu'un travail préparatoire, et dans la hâte de l'impression
pour une date déterminée, beaucoup de fautes typographiques se sont
glissées. Rédigé principalement avec les ressources de la Bibliothèque
nationale, ce premier catalogue peut être, suivant l'expression de
M. Léopold Delisle [1], considéré comme l'inventaire des livres chinois
écrits par les Européens, qui se trouvent dans le fonds chinois.

Sauf cinq ou six exceptions, les ouvrages que nous indiquons ont
été écrits en langue chinoise par les missionnaires pour enseigner aux
habitants du Céleste Empire notre religion et nos sciences. Notre *Bibliotheca Sinica* ne comprenant pas ce genre d'ouvrages, nous avons
cru utile d'ajouter ce chapitre de bibliographie chinoise. Nous croyons
donner la presque totalité des ouvrages écrits en Chine au xviiᵉ et au
xviiiᵉ siècle par des Européens.

Nous avons trouvé les premiers éléments de notre travail dans la
riche collection de la Bibliothèque nationale dont les conservateurs ont
montré à notre égard la plus grande bienveillance.

Les ouvrages suivants ont été utilement consultés :

— Catalogus librorum Bibliothecae Regiae Sinicorum.

Ce catalogue est imprimé à la suite de la *Grammatica Duplex* de Fourmont,
Lutetiae Parisiorum, 1742, in-fol. Il occupe les pages 343-511 du volume. Il comprend 389 numéros répartis par chapitres : *Grammatici, Geographia, Historia, Libri
sacri*, etc. La majeure partie des livres qui nous occupent se trouvent dans le cha-

---

[1] Bibliothèque nationale. Manuscrits
latins et français ajoutés aux fonds des
Nouvelles Acquisitions pendant les années
1875-1891. Inventaire alphabétique par
Léopold Delisle ....., Partie I. Paris,
H. Champion, 1894, in-8°, p. LXIV.

pitre *Theologia* qui embrasse les numéros 168-289. C'est le plus important du livre.

Le travail de Fourmont ne possède aucune valeur scientifique; il est criblé d'erreurs et on y observe un grand nombre d'omissions qui ont été relevées en partie par le P. Foureau.

On jugera de son savoir lorsque, p. 369, on verra que, de 西廂記 *Si Siang ki* et de 琵琶記 *Pi-pa ki*, il fait des noms d'auteurs.

— Réflexions sur la Grammaire chinoise de M. Fourmont.

Par le P. Foureau, S. J., né au Mans le 13 février 1700; arrivé en Chine en 1733; † à Paris le 16 novembre 1749.

Les réflexions sur la grammaire sont suivies d'observations sur le catalogue de Fourmont, dans lesquelles une grande partie des erreurs de celui-ci sont relevées. Le travail du P. Foureau n'a pas été imprimé; il se trouve à la Bibliothèque nationale, ms. fr. 12215. — Une copie en a été faite par M. Jault, professeur de syriaque au Collège de France, et fut vendue à Deshauterayes par son fils en 1779. Cette copie se trouve également à la Bibliothèque nationale, N. F. Chinois 3422.

— Catalogue des livres chinois, mandchous, mongols et japonais.

Ce catalogue, rédigé par M. Stanislas Julien forme 4 volumes de fiches collées sur des feuillets reliés ensuite. Les livres qui nous occupent sont compris dans le volume 4, *Nouveau Fonds*, 1871, qui comprend les n°ˢ 2746-3394.

Ce travail est à peine supérieur à celui de Fourmont : l'explication que donne M. Julien n'est, les trois quarts du temps, que la reproduction de l'indication fournie par le P. de Prémare sur la couverture de quelques volumes; très rarement aussi, M. Julien s'est-il occupé de rechercher lui-même le nom des auteurs. — Voir Benevente, *Alvaro de*, infra, n° 37.

— Bibliothèque nationale. Département des Manuscrits. Catalogue des livres chinois, coréens, japonais, etc. Par Maurice Courant. Premier fascicule, n°ˢ 1-2496. Paris, Ernest Leroux, 1900, in-8°, p. vii-148.

Au moment de mettre sous presse, le second fascicule est imprimé jusqu'à la page 308 et le n° 3440.

Ce travail, dû au professeur distingué de chinois à l'Université de Lyon, nous donnera le catalogue définitif du fonds chinois de la Bibliothèque nationale. On ignore généralement qu'Abel Rémusat avait entrepris de faire ce catalogue; je donnerai quelque jour des détails sur son intéressante tentative.

— Notes on Chinese Literature with introductory remarks on the progressive advancement of the Art; and a List of translations from the Chinese, into various European Languages. By A. Wylie, Agent of the British and Foreign Bible Society in China. Shanghae : American Presbyterian Mission Press, 1867, in-4°.

M. Wylie donne, p. 87-89, 138-144, au chapitre des *Miscellaneous Writers*, le titre d'un certain nombre des ouvrages qui nous occupent.

— Catalogue of Chinese Printed Books, Manuscripts and Drawings in the Library of the British Museum. By Robert Kennaway Douglas. Printed by order of the Trustees of the British Museum. London : 1877, gr. in-4°.

La collection du Musée Britannique contient relativement peu des volumes qui nous occupent aujourd'hui.

— Catalogus Patrum ac Fratrum e Societate Jesu qui a morte S. Fr. Xaverii ad annum MDCCCLXXII Evangelio Xti Propagando in Sinis adlaboraverunt. Pars prima. Shanghai. Typis A. H. de Carvalho. 1873, gr. in-8°.

Grâce à ce travail considérable, dû à feu notre ami le R. P. Pfister, il nous a été relativement facile d'identifier les auteurs des ouvrages. Il est regrettable que les autres congrégations n'aient pas un semblable catalogue.

— Catalogus Patrum ac Fratrum S. J. qui a morte S. Francisci Xaverii ad annum MDCCCXCII Evangelio Christi Propagando in Sinis adlaboraverunt. Chang-hai, ex typographia Missionis Catholicæ in Orphanotrophio Tou-sè-wê, 1892, gr. in-8°.

— Catalogus librorum venalium in Orphanotrophio Tou-sai-wai, Zi-ka-wei, ex Typographia Missionis Catholicae, 1882, pet. in-8°.

Ce petit volume, dont la première édition a paru en 1876, nous a donné les dates d'un grand nombre de réimpressions.

— Saggio di Bibliografia geografica storica etnografica Sanfrancescana per Fr. Marcellino da Civezza M. O.-In Prato, Per Ranieri Guasti, 1879, gr. in-8°.

Il n'y a malheureusement ni la prononciation, ni les caractères des ouvrages cités comme ayant paru en chinois.

— Bibliothèque de la Compagnie de Jésus... Nouvelle Édition par Carlos Sommervogel, S. J... I. Bruxelles [et] Paris, MDCCCXC, gr. in-4°.

Neuf volumes ont paru de cet ouvrage monumental. Mon ami, le R. P. Sommervogel, a eu fréquemment l'occasion de citer la première édition de notre Bibliographie. On s'apercevra que ce n'était qu'un échange de bons procédés et que j'ai également puisé dans son œuvre à maintes reprises.

— BIBLIOGRAPHIE CORÉENNE. Tableau littéraire de la Corée, contenant la nomenclature des ouvrages publiés dans ce pays jusqu'en 1890, ainsi que la description et l'analyse détaillées des principaux d'entre ces ouvrages, par Maurice Courant, Interprète de la Légation de France à Tokyo. Paris, Ernest Leroux, 1894-1896, 3 vol. in-8°.

Forment les volumes XVIII-XX de la IIIᵉ série des *Publications de l'École des Langues Orientales vivantes*.

Voir vol. III, livre VIII : RELIGIONS. — Chapitre III : *Catholicisme*, p. 282-329.

— Congreso internacional de Orientalistas, Lisboa, 1892. — Escritos de los Portugueses y Castellanos referentes a las lenguas de China y el Japón. — Estudio bibliográfico por El Conde de la Viñaza. Lisboa, M. Gomes.... Madrid, M. Murillo.... Londres, B. Quaritch, in-4°, p. 139.

On lit au verso du faux-titre : *Tirada de 150 ejemplares numerados*. — Au verso du dernier feuillet : *Acabóse de imprimir esta «Memoria» el dia 30 de Octubre de 1892 en la typografia de «La Derecha» de Zaragoza*.

L'auteur de cette publication a puisé sans discrétion dans la première édition de cette Bibliographie, sans apporter d'ailleurs la moindre critique ni le moindre discernement; il a pris ce qui était à sa convenance, fautes comprises.

.·.

Nous avons pu compléter cet essai bibliographique, dont l'étendue est presque le double de celle du catalogue imprimé en 1883, grâce à de nouvelles recherches, grâce surtout aux additions de mon ami, le R. P. Henri Havret, S. J., de Zi Ka-wei, près Chang-Haï.

Le R. P. Havret m'écrit :

«J'ai extrait les titres de ces 118 ouvrages du seul catalogue signalé par le

P. Pfister dans son *Catalogus* de 1892 et inséré à la fin du 聖敎信證 *Cheng-Kiao sin tcheng*. L'édition qui m'a servi doit être la plus récente : elle signale un fait (mort du P. Herdtrich) remontant à 1684.

«Pour le contrôle de ces titres, je me suis encore servi d'un autre catalogue, imprimé à Pe-King en deux longues bandes de papier chinois, portant la date ms. «1684» écrite sur la couverture. Ces deux bandes relatant respectivement les titres des ouvrages, 1° religieux et 2° scientifiques, mais sans désignation d'auteurs, portent elles-mêmes les titres suivants :

1° 天主聖敎書目 *T'ien-Tchou cheng-Kiao chou mou*, avec 123 ouvrages.

2° 曆法格物窮理書目 *Li fa ke ou kiong li chou mou*, avec 89 ouvrages.

«Ce catalogue ne fait mention que des ouvrages proprement dits; ainsi il ne signale pas les «Litanies» et autres opuscules peu étendus.»

Le R. P. Havret m'a depuis envoyé d'autres fiches, qui forment un total de 173 titres, dont bon nombre indiquaient des ouvrages qui m'étaient restés inconnus.

En résumé, l'ancien catalogue renfermait 51 noms et 196 ouvrages; cette nouvelle édition contient 77 noms et 395 ouvrages.

L'IMPRIMERIE SINO-EUROPÉENNE

EN CHINE.

BIBLIOGRAPHIE

DES

OUVRAGES PUBLIÉS EN CHINE PAR LES EUROPÉENS

AU XVIIE ET AU XVIIIE SIÈCLE.

I. **Aleni (Giulio)**, 艾儒畧 *Ngai ('Ai[A]leni) Jou-lio (Giulio)*, S. J.

Né à Brescia en 1582; arrivé en Chine en 1613; † à Fou-tchéou le 3 août 1649.

Suivant le P. Foureau, le P. Aleni «a composé vingt-cinq (ouvrages). Les Chinois ont admiré non seulement sa science en fait de chinois, mais encore sa sagesse et sa vertu. L'idée qu'ils en avaient était telle, qu'ils lui donnaient le nom de *Confucius d'Europe*. C'était beaucoup dire selon eux, et c'est le seul à qui ils avaient donné pareil titre. Son nom sera longtemps fameux en Chine, mais surtout dans la province du *Fou-kien* où il a demeuré».

1–1. 彌撒祭義

Mi-sa tsi-i. — Traité du Sacrifice de la Messe.

Fourmont CXCVII. — N. F. Chinois 3022 et 3023. — Réimp. en 1849 en un vol. in-8°. — École, P. VIII, 45.

2–2. 天主降生言行紀畧

T'ien-tchou kiang cheng yen hing ki lio. — Vie de N.-S. Jésus-Christ.

Publ. en 1635 en 8 livres. — Fourmont CCLXVIII. — N. F. Chinois 3278 et 3279.. B. M., p. 69. Édition en 1796. — Réimp. en 1853 en 2 vol. in-8°.

3–3. 出像經解

Tch'ou siang king kiai, 1637, 1 k. — Vie illustrée de Notre-Seigneur.

Les planches, gravées en Chine, de ce livre sont tirées de l'ouvrage sur les Évangiles du P. Jérôme Nadal, S. J. (né à Majorque en

1507; † à Rome le 3 avril 1580); elles sont gravées en Chine d'après les planches de Wierx (Jean, Antoine et Jérôme).

1 f. simple p. le front. + 3 ff. ch. p. l'int. + 1 f. simple p. le plan de Jérusalem + 29 f. p. les planches; une gravure au recto et au verso

de chaque f., sauf le dernier qui n'a qu'une figure au recto. Un ex. se trouve à l'École des langues orientales; il a été donné à Ignace Goguest? par le P. M. Martini.

4—4. 耶穌言行紀畧

Ye-sou yen hing ki lio. — Édition abrégée de la vie de Notre-Seigneur.

N. F. Chinois 3375. — Traduit en coréen, *Yei-sou en hăing keui ryak*, *Bibl. coréenne*, 2716.

5—5. 性靈篇

Sing ling pien, 1 k. — De l'Âme.

6—6. 景教碑頌

King kiao pei song. — Édition de l'Inscription de la Stèle de Si-ngan fou.

7—7. 聖體禱文

Cheng t'i tao wen. — Litanies du Saint-Sacrement.

Réimp. en 1882 à Tou-sè-wè.

8—8. 坤輿圖說

Kouen yu t'ou chouo. — Géographie avec cartes.

9—9. 十五端圖像

Che ou touan t'ou siang, 1 k. — Images des quinze Mystères du Rosaire.

10—10. 熙朝崇正集

Hi tchao tchoung tcheng tsi, 4 k. — Choix de documents favorables à la religion.

P. ex. Préfaces des Grands, écrites pour ces ouvrages.....

11—11. 楊淇園行畧

Yang K'i-youen hing lio, 1 k. — Vie du Docteur Yang K'i-youen.

Voir Courant, 1016, IV, V, et 1097. — Voir n° 204.

12—12. 張彌克遺蹟

Tchang Mi-ko i tsi, 1 k. — Vie du Docteur Michel Tchang.

Voir Courant, 1016, VI, VII, VIII.

13—13. 萬物眞原

Wan ou tchen youen. — Véritable origine de toutes choses.

Imprimé en 1628; réimp. en 1792 et en 1889 en un vol. in-8°. A aussi été traduit et publié en mandchou, *Toumen tchakai ounenkgi segiyen. Cat.* Klaproth, II, 55. — Traduit en coréen, *Man moul tjin ouen*, *Bibl. coréenne*, 2702.

Fourmont CCXXV. — N. F. Chinois 3354, etc.; 3357 et 3358 en mandchou. B. M., p. 69.

14—14. 滌罪正規

Ti tsouei tcheng kouei. — Traité du Sacrement de la Pénitence.

N. F. Chinois 3321 et suivants. Réimp. en 1849 en un vol. in-8°. — École L. O. V., P. viii, 17. — Traduit en coréen, *Tchyek (htyek) tjoi tjyeng kyou*, *Bibl. coréenne*, 2723.

15—15. 三山論學紀

San chan louen hio ki. — Dialogues sur la Religion chrétienne.

Dialogue entre l'auteur et un fonctionnaire indigène *Yé* sur Dieu, créateur et maître de l'univers.

Fourmont CCXLI. — N. F. Chinois 3075, etc. — B. M., p. 69. — Réimp. en 1847 en un vol. in-8°. — École L. O. V., P. viii, 62.

16—16. 聖體要理

Cheng t'i yao li. — Catéchisme de la Sainte-Eucharistie.

N. F. Chinois 2895 et 2896. Réimp. en 1844 et en 1881 en un vol. in-12. Traduit en coréen, *Syeng htyei yo ri, Bibl. coréenne*, 2725.

17—17. 聖夢歌

Cheng mong ko.

Traduction d'un dialogue de saint Bernard entre une âme et le corps auquel elle appartenait.

N. F. Chinois 2859 et 2860.

18—18. 聖敎四字經文

Cheng-Kiao se tseu king wen.

Catéchisme contenant en lignes de quatre caractères l'explication de l'existence de Dieu, de la création du monde, de l'incarnation de N.-S., les dix commandements, etc.

N. F. Chinois 3263. — Réimp. en 1856 en un vol. in-12.

19—19. 悔罪要指

Houei tsouei yao tchi. — De la Contrition.

N. F. Chinois 2924 et 2925.

Traduit en coréen, *Hoi tjoi tjik tji, Bibl. coréenne*, 2721.

20—20. 幾何要法

Ki ho yao fa. — Principes nécessaires de géométrie.

Fourmont CCCXLVIII. — N. F. Chinois 2957 et 2958.

21—21. 口鐸日抄

K'eou to ji tch'ao. — Réponses à diverses questions.

Réponses des PP. Aleni et André Rudomina à diverses questions qui leur avaient été posées par des lettrés chinois.

Réimp. en 1872 en 4 vol. in-8°.

22—22. 五十言餘

Ou che yen yu. — Cinquante Paroles. [Du Ciel.]

Fourmont CCXXXIX. N. F. Chinois 3043 et 3044. — Courant, 3406.

Ricci et Aleni ont composé chacun vingt-cinq paroles = 50 de ce livre. 25 est une allusion à l'*Y-king* où le nombre 5 multiplié 5 fois fait celui de 25 qui est le nombre du Ciel.

Gravé à la mission du Fou-Kien (1645). — Introduction de Tchang Keng.

23—23. 西方答問

Si-fang ta wen. — Choses et coutumes européennes.

N. F. Chinois 3082, gravé en 1642, préface de Mi Kia-souei (1641). — Courant, 1817. — N. F. Chinois 4843, gravé à la mission de Tsin-kiang (1637). — Courant, 1816. — N. F. Chinois 3083. — Courant, 1818.

24—24. 西學凡

Si hio fan. — Sur les sciences européennes.

Préface de Yang T'ing-kiun (1623), de Ho Yi-youen (1626). Postface de Hiong Chi-k'i. Gravé par la mission du Fou-Kien, à la salle K'in-yi, s. d.

N. F. Chinois 3085 et 3086. — Courant, 3379.

25—25. 職方外紀

Tchi fang wai ki. — Notice géographique sur tous les royaumes de l'univers.

N. F. Chinois 3152. — Courant, 1519-1521.

26—26. 性學觕述

Sing hio tsou chou. — Court traité de la nature humaine.

Préface de 1624.

N. F. Chinois 3101, 3102, 3103. — Réimp. en 1873 en 2 vol. in-8°. — Courant, 3409.

27—27. 天主降生引義

T'ien-tchou kiang cheng yn i. — Traité sur l'incarnation de N.-S.

N. F. Chinois 3276 et 3277. — Réimp. en 1872 en un vol. in-8°.

28—28. 大西利西泰子傳

Ta si li Si-t'ai tseu tchouan. — Vie du P. Ricci.

In-8°, ms. Sans nom d'auteur; postface de Li Kieou-p'iao (1636). Portrait de Ricci en tête.
N. F. Chinois 2997. — Courant, 996.

29—29. 大西利西泰先生行跡

Ta si li Si-t'ai sien-cheng hing che. — Vie de Matteo Ricci.

N. F. Chinois 2995, 2996 et 3090; ces ex. sont ms. — Courant, 1014.

30—30. 艾先生行述

Ngai sien-cheng hing chou. — Vie du P. Aleni.

N. F. Chinois 2753 et 3084. Ms. Avec une gravure sur bois en blanc sur noir comme front. représentant le Père. — Courant, 1017-I; 1018.

31—31. 思及先生行蹟

Seu ki sien-cheng hing tsi.

N. F. Chinois 3090. — Courant, 1016-II.

Même ouvrage que :

32—32. 泰西思及艾先生行述

T'ai si seu ki 'Ai sien-cheng hing chou. — Vie du P. Aleni, par Li Seu-hiuen.

N. F. Chinois 2753. — Courant, 1017-I.

et que :

33—33. 西海艾先生行略

Si hai 'Ai sien-cheng hing lio. — Vie du P. Aleni.

N. F. Chinois 3084. — Courant, 1018.

34—34. 思及艾先生語錄

Seu ki 'Ai sien-cheng yu lou.

N. F. Chinois 3090. — Courant, 1016-III.

Même ouvrage que :

35—35. 泰西思及艾先生語錄

T'ai si seu ki 'Ai sien-cheng yu lou. — Propos du P. Aleni, par Li Seu-hiuen.

Ms. gr. in-8°.
N. F. Chinois 2753. — Courant, 1017-II.

II. **Bahr (Florian)**, 魏繼晉 *Wei Ki-tsin*, S. J.

Né le 16 août 1706, à Falckemberg (Silésie); arrivé en Chine le 5 août 1738; † à Pé-king le 7 juin 1771.

36 – 1. 聖若望臬玻莫傳

Cheng Jo- wang Nie-po-mo tchouan. — Vie de saint Jean Népomu-cène.

Réimp. en 1871 en un vol. in-8°.

III. **Benevente (Alvaro de)**, 白 *Pe.*

Augustin, né en Espagne; arrivé en Chine en 1680; év. d'Ascalon et vic. ap. du Kiang-Si.

37 – 1. 要經畧解

Yao king lio kiai.

N. F. Chinois 3371, 3372.
Ce vol. montre avec quelle légèreté M. Julien a fait son catalogue. Le P. de Prémare écrit sur la couverture de l'ex. 3372 : *Catechismus D. Episcopi Ascalonensis;* M. Julien transcrit sur sa fiche : Explication du Pater par l'évêque *Akalmouki !* (Voir fiche 3371.)

Je crois que l'auteur de ce livre est le P. Ortiz. voir n° XLIII.

IV. **Bouvet (Joachim)**, 白晉 *Pé tsin.*

Né au Mans le 18 juillet 1656; arrivé en Chine en 1687; † à Pé-king le 28 juin 1730.

38 – 1. 天學本義

T'ien hio peun i.

N. F. 4983. — Un cahier gr. in-8°, ms., sans nom d'auteur.

39 – 2. *alias* 古今敬天鑒

Kou kin king t'ien kien. — Vrai sens du mot *T'ien* (ciel).
Ms. à Zi Ka-wei.

V. **Brancati (Francesco)**, 潘國光 *Pan Kouo-kouang*, S. J.

Né en Sicile en 1607; arrivé en Chine en 1637; † à Chang-Hai le 25 avril 1671.

40 – 1. 十誡勸論

Che kiai k'iuen louen. — Instructions sur le Décalogue.

N. F. Chinois 2774. Réimp. en 1869 en 2 vol. in-8°.

41 – 2. 聖體規儀

Cheng t'i kouei i. — Court traité du T. S. Sacrement.

N. F. Chinois 2892. Réimp. en 1881 en un vol. in-12. *Cat.* n° 86.

42 – 3. 聖教四規

Cheng Kiao se kouei.. — Préceptes de l'Église.

Fourmont CXCIV. — N. F. Chinois 2819.
Traduit en coréen, *Syeng kyo sā kyou, Bibl. coréenne,* 2732.

43 – 4. 聖安德肋宗徒瞻礼

Cheng Ngan-té le tsoung tou tchen li. — Instructions pour la fête de saint André.

N. F. Chinois 2785; *manuscrit.*

44—5. 天階

T'ien kiai. — Échelle du ciel ou Ascension de l'âme vers Dieu.

Fourmont CCIV. — N. F. Chinois 3229 et 3230. Réimp. en 1871 en un vol. in-16. *Cat.* n° 74.

«C'est sans doute, dit le P. Sommervogel, une traduction de l'ouvrage du P. Bellarmin.» Traduit en coréen, *Htyen kyei, Bibl. coréenne,* 2745.

45—6. 瞻禮口鐸

Tchen li k'eou to.

Commentaires et explications des Évangiles pour les jours de fêtes, en 1642.
Wylie, p. 141.

46—7. 天神規課

T'ien chin kouei k'o. — Catéchisme.

N. F. Chinois 3218 et 3219.

47—8. 天神會課

T'ien chin houei ko. — Manuel de la Congrégation des SS. Anges.

Fourmont CCXVI. — N. F. Chinois 3213 et suivants. Réimp. en 1861.

«C'est…, dit le P. Foureau, un catéchisme par demandes et par réponses, où l'on traite des vérités essentielles au salut, mais il n'y est nullement question des Anges. Nous dirons dans un moment pourquoi le mot d'Anges se trouve dans le titre. Voici l'ordre de ce catéchisme. On y parle d'abord du Dieu éternel et créateur de l'Univers, de sa justice en récompensant le bien et punissant le mal, de la Trinité, de l'Incarnation et de la mort de J.-C. pour tous les hommes, de l'âme destinée à être éternellement heureuse ou malheureuse suivant ses œuvres, enfin de la Religion chrétienne comme la seule véritable. Après avoir expliqué en abrégé ces six points fondamentaux, on s'étend plus particulièrement sur la nature de Dieu et sur celle de l'homme. On traite des quatre fins de l'homme, de la contrition, du signe de la Croix, du Pater, de l'Ave, du Credo, des Commandements de Dieu et de l'Église, des Sacrements et des Huit Béatitudes.

«Pour entendre présentement le titre de ce catéchisme, il faut savoir que le P. *Pantoja* (le P. Foureau se trompe de nom) qui en est l'auteur et les autres missionnaires assemblaient de temps en temps les enfants des chrétiens afin de les mieux instruire. Ils en formèrent une congrégation à laquelle ils donnaient ce livre à apprendre, et pour attirer la bénédiction du ciel sur cette congrégation, ils la mirent sous le titre des SS. Anges. Voilà tout le sujet du titre de ce catéchisme qui signifie simplement *Exercice* ou *Office de la congrégation des Anges.*»

Un extrait adapté au rite grec a été publié à Pé-king par l'archimandrite Hyacinthe Bitchourin. *Cat.* Klaproth, II, n° 53.

48—9. 未來辯論

Wei lai pien louen. — Réfutation des vaines divinations.

VI. **Brollo (Basilio)**, dit *Basile de Glemona* [Gemona], 葉宗賢 *Ye Tsoung-hien.*

Franciscain, arrivé en Chine en 1684; vicaire apostolique du Chen-Si; † à Si-ngan le 16 juillet 1704. — Voir *Bibliotheca Sinica,* col. 1723-1724.

49—1. 宗元直指

Tsoung youen tche tchi. — Démonstration du Créateur.

Ms. à Zi Ka-wei.

VII. **Buglio (Luigi)**, 利類思 *Li Lei-seu*, S. J.

Né à Mineo, en Sicile. le 26 janvier 1606; arrivé en Chine en 1637; † à Pé-king le 7 octobre 1682.

Il «est un de ceux qui ont le plus travaillé pour la religion. Il a composé 21 ouvrages dont il n'y en a que deux ou trois sur des matières indifférentes». (Foureau.)

50—1. 天主正教約徵

T'ien-tchou tcheng Kiao yo tcheng. — De la vraie religion.

N. F. Chinois 3176, 3264, 3265. — Courant, 1885.

51—2. 主教要旨

Tchou Kiao yao tchi. — Abrégé de la religion chrétienne.

N. F. Chinois 3192, 3193, 3194.

Cf. *Bibl. coréenne*, 2700, *Tjyou kyo yo tji*, par le chrétien *Tyeng* Paul 丁保祿, né en 1795, près de Séoul, † dans la persécution de 1839.

52—3. 超性學要

Tchao sin hio yao. — Index de la théologie de saint Thomas d'Aquin.

Fourmont CCXXII. — N. F. Chinois 3149-3151. — B. M., p. 122. Ouvrage considérable.

53—4. 獅子說

Chi-tseu chouo. — Du Lion.

N. F. Chinois 3130. Avec une planche représentant un lion.

54—5. 司鐸典要

Sse to tien yao.

N. F. Chinois 3128.

55—6. 性靈說

Sing ling chouo. — De l'âme.

N. F. Chinois 3108.

56—7. 不得已辨

Pou té i pien.

Réfutation du fameux libelle publié par 楊

光先 Yang kouang-sien (astronome mahométan). — Voir Verbiest, nᵒˢ 349 et 350.

N. F. Chinois 3066, 3067, 3068, 3070 et 3072. — Réimp. en 1847 en un vol. in-8°. — Courant, 1883.

57—8. 御覽西方要紀

Yu lan si fang yao ki. — Mémoires sur les pays d'Occident (d'Europe).

N. F. Chinois 3385. — Courant, 1884-I. Daté de 1669, avec un rapport (1668) des P. Buglio, de Magalhaens et Verbiest.

58—9. 聖母小日課

Cheng-Mou siao je k'o. — Petit office de la Sainte Vierge.

N. F. Chinois 2871, 2872 et 2873; cette dernière éd. diffère des précédentes.

59—10. 已亡者日課經

I wang tche ji k'o king. — Office des morts.

N. F. Chinois 2928. — Réimp. en 1863. École L. O. V., P. IV, 17.

60—11. 聖教簡要

Cheng-Kiao kien yao. — Abrégé de la sainte Loi.

Fourmont CLXXXVIII. — N. F. Chinois 2813 et 2814.

61—12. 善終瘞瑩禮典

Chen tchong i ing li tien. — Recommandation de l'âme et office des morts.

24 feuillets, N. F. Chinois 2766 et éd. diff., plus petite de format, 2767, f. 32.

62–13. 彌撒經典

Mi-sa king-tien.

Sur le frontispice gravé sur bois et repré- | sentant un autel différent de celui du BRÉVIAIRE et du MANUEL :

MISSALE ‖ ROMANVM ‖ auctoritate ‖

Pavli. V. Pont. M. ‖ Sinice reddi- | Iesv ‖ Pekini ‖ In Collegio ejusd.
tum ‖ a ‖ P. Lvdovico Bvglio ‖ Soc. | Soc. ‖ An. M DCLXX.

N. F. Chinois 3020 et 3021; ce dernier ex. est ms.

Voir n° 1.

63—14. 日課槩要

Ji k'o kai yao.

Sur le frontispice gravé sur bois et représentant un autel, le titre suivant gravé :

Breviarivm ‖ Romanvm ‖ Sinicè redditum ‖ a ‖ P. Ludouico Buglio ‖ Soc. Iesv ‖ In Collegio ‖ Pekinensi ‖ eiusd. Soc. ‖ Anno 1674.

N. F. Chinois 2931; cet ex. est ms.

64—15. 聖事禮典

Cheng sse li tien.

Sur le frontispice gravé sur bois et représentant un autel, le titre suivant gravé :

Manvale ‖ ad ‖ Sacramē̃ta ‖ ministranda ‖ iuxta ritū ‖ S. Rom. Ecc. ‖ Sinicè redditū ‖ a ‖ P. Ludouico Buglio ‖ Soc. Iesv ‖ Pĕ kim̄ ‖ in colleg. eiusd. Soc. An. 1675.

N. F. Chinois 2886.

65—16. 安先生行述

Ngan sien-cheng hing chou. — Vie du P. Gabriel de Magalhães. Br. de 2 feuillets imp. en bleu.

Par les PP. Buglio et Verbiest.

N. F. Chinois 2754. — Courant, 1024.

66—17. 天主性體

T'ien-tchou sing t'i, 6 k. — De Dieu et de ses attributs (d'après saint Thomas).

67—18. 三位一體

San wei i t'i, 3 k. — Mot à mot : « Trois personnes (en) une substance », c'est-à-dire « De la Sainte-Trinité » (d'après saint Thomas).

68—19. 萬物原始

Wan ou youen che, 1 k. — Du principe des êtres (d'après saint Thomas).

69—20. 天神

T'ien chin, 5 k. — Des anges (d'après saint Thomas).

70—21. 形物之造

Hing ou tchi tsao, 1 k. — De la création des choses matérielles (d'après saint Thomas).

71—22. 靈魂

Ling houen, 6 k. — De l'âme (d'après saint Thomas).

72—23. 首人受造

Cheou jen cheou tsao, 4 k. — De la création du premier homme (d'après saint Thomas).

73—24. 昭祀經典

Tchao se king tien, 1 *peun.* — Canon (règles et prières) du Sacrifice.

N. B. Probablement le même ouvrage que le *Mi-sa king tien* (Havret).

Voir n° 62.

74—25. 進呈鷹論

Tsin tch'eng ing louen. — Opuscule sur les faucons offerts à l'Empereur.

75—26. 聖事禮典

Cheng che li tien. — Rituel pour les Sacrements.

VIII. Castner (Gaspar), 龐嘉賓 *P'ang Kio-pin*, S. J.

Né à Munich en 1665; arrivé en Chine en 1697; † à Pé-King le 9 novembre 1709.

RELATIO SEPVL TVRÆ

Magno Orientis Apostolo S. Francisco Xauerio erectæ in Insula Sanciano anno sæculari MDCC.

Apostolicum illum magni Xauerii Zelum post tot emensa terrarum spatia, tot peragrata maria in ultimo tandem Oriente quieuiße, beatámque illam animam, ad recipiendum prosedula adeò in uinea domini Opera denarium, et reseruatam sibi justitiæ coronam, ex Sanciano Sinarum Insula auocatam

76—1.

Relatio Sepvltvrae ‖ Magno Orientis Apostolo S. ‖ Francisco Xaverio
erectae in ‖ Insula Sanciano anno seculari mdcc.

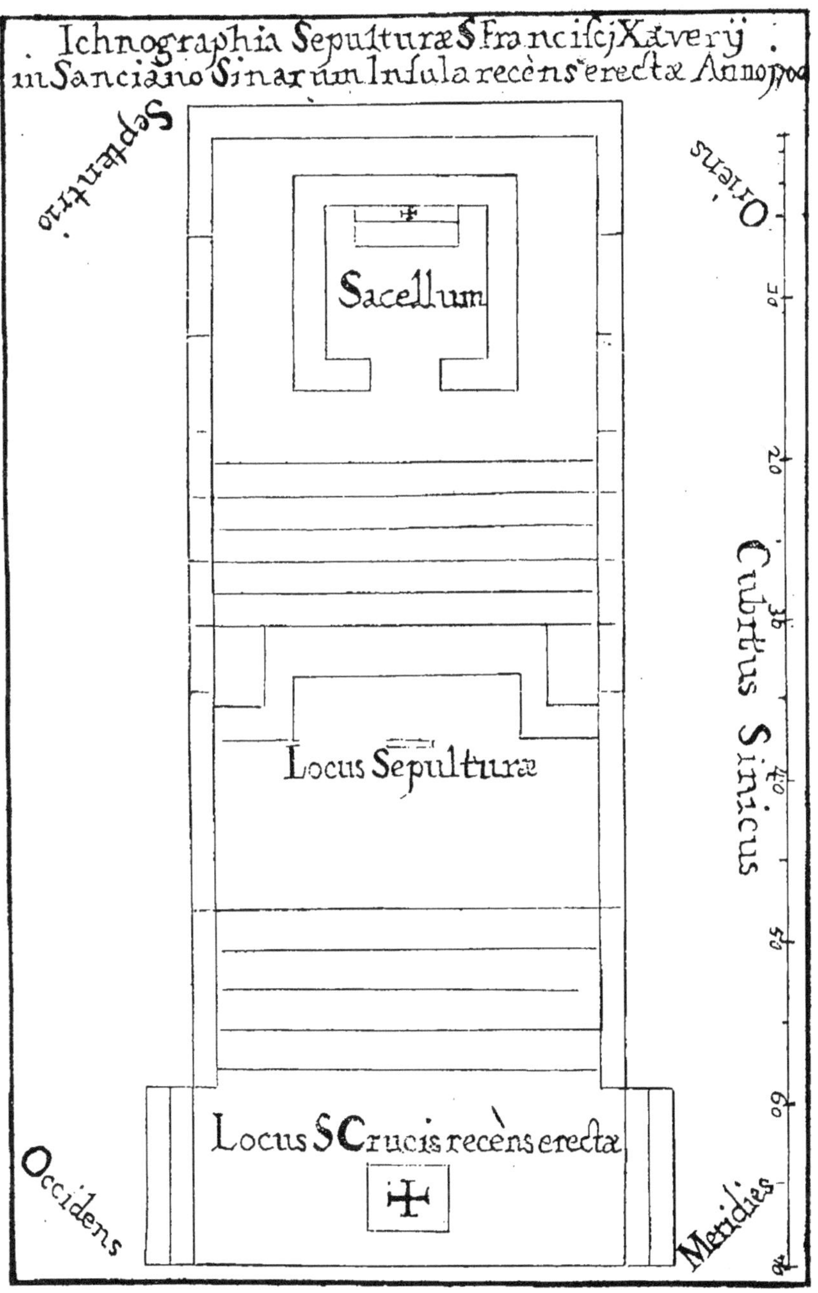

Se compose de 32 feuillets pliés en double à la chinoise; dont 30 chiffrés en chiffres chinois sur
la tranche; nous reproduisons la première page; au bas du recto du feuillet 30, on lit : *Gaspar*

Castner Soc. : Iesù. — Le feuillet 31 (recto) : *Ichnographia Sepulturae S. Francisci Xaverij in Sanciano Sinarum Insula recèns erectae Anno 1700.* — Feuillet 31 (verso) : Plan de Sancian. —

Plan de Sancian.

Feuillet 32 (recto) : Mer de Chine, près de Sancian. — Feuillet 32 (verso) : Orientation. Nous donnons le fac-similé de ces quatre pages.

Traduit en allemand dans le *Welt-bott* du P. Stöcklein, n° 309.

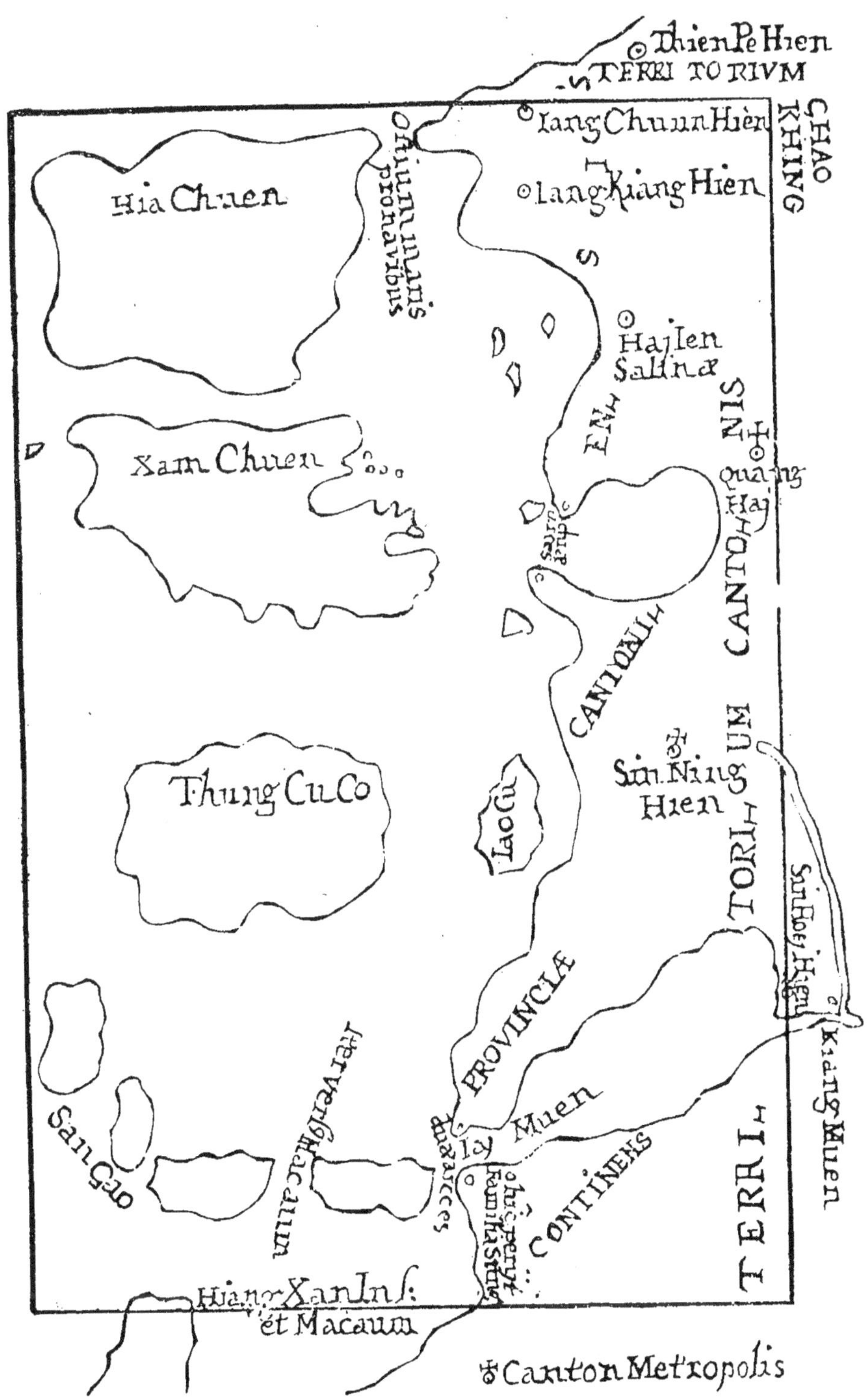

Mer de Chine, près de Sancian.

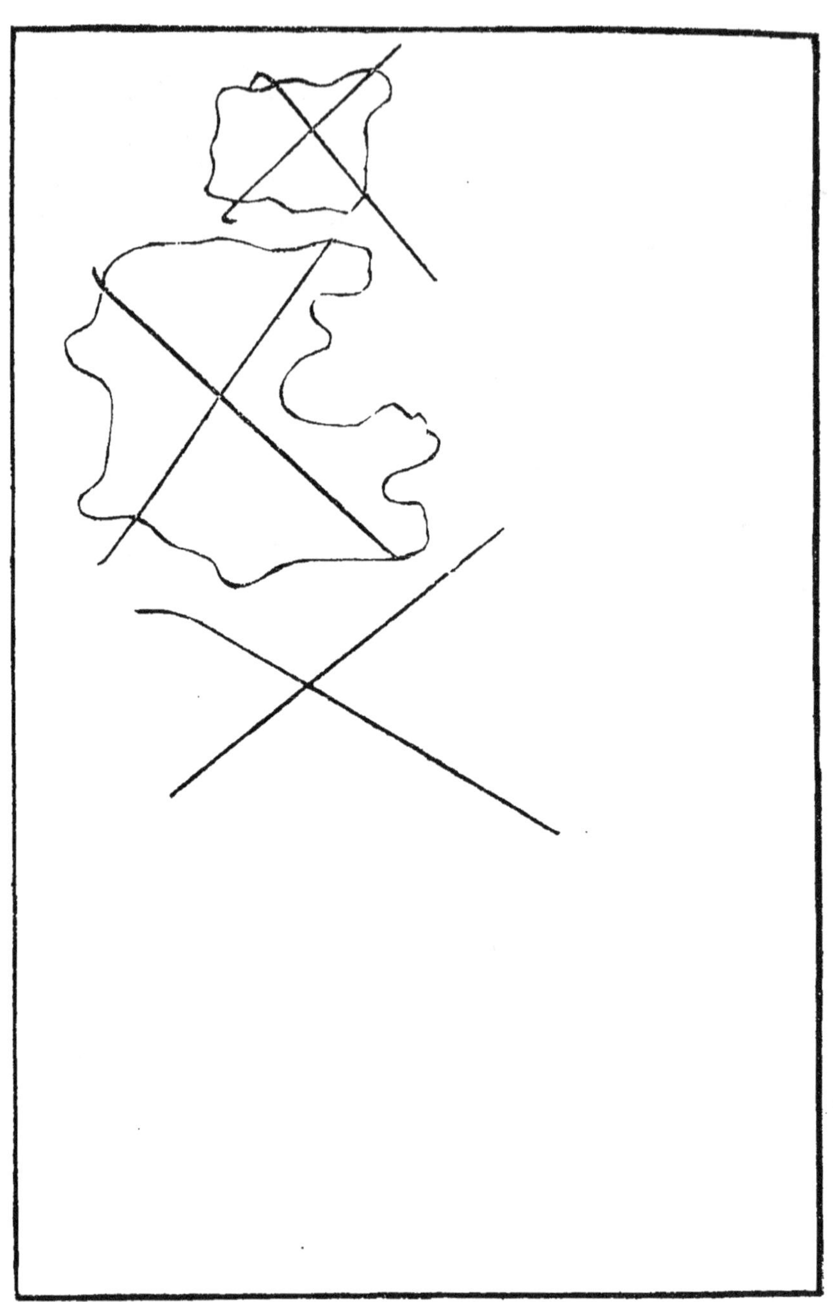

Orientation.

IX. **Cattaneo (Lazare)**, 郭 居 靜 *Kouo Kiu-tsing*.

Né en 1560 à Sarzana, État de Gênes; arrivé en Chine avec le P. Ricci, 1594; † à Hang-tcheou le 19 janvier 1640.

77—1. 性靈詣主

Sing ling i tchou. — Couplet traduit : Introduction de l'âme vers Dieu.

X. **Charme (Alexandre de la)**, 宗君榮 *Soung Kiun-yong*, S. J.

Né le 19 août 1695 (à Lyon, 10 ou 19 juillet 1695, dit Sommervogel); entré dans la Compagnie le 9 septembre 1712; arrivé en Chine le 30 août 1728: † à Pé-King le 27 (28, dit Sommervogel) juillet 1767.

78—1. 性理眞詮

Sing li tchen ts'iuen. — Explication rationnelle (de la religion).

Imprimé en 1889 à Tou-sé-wè, en 4 vol. in-8°.

79—2. 性理眞詮提綱

Sing li tchen ts'iuen t'i kang. — Résumé de l'ouvrage précédent.

Imprimé en 1886 à Tou-sé-wè, en un vol. in-8°.

XI. **Chavagnac (Émeric de)**, 沙守信 *Cha Cheou-sin*, S. J.

Arrivé en Chine le 9 sept. 1701: † à Jao-tcheou fou le 14 sept. 1717.

80—1. 眞道自證

Tchen Tao tseu tcheng. — La vraie doctrine prouvée par elle-même.

Publié en 1718. N. F. Chinois 3162, 3163, 3164. — Réimp. en 1721, 1796 (avec une préface du P. Hervieu), 1818, 4 vol., et en 1868, 2 vol. in-8°.

Traduit en coréen. *Tjin to tjä tjeung*, Bibl. coréenne, 2703.

XII. **Costa (Ignacio da)**, 郭納爵 *Kouo Na-tsio*, S. J.

Né à Fayal, Açores, en 1599: arrivé en Chine en 1634; † à Canton en mai 1666.

81—1. 原染虧益

Youen jen kouai i. — Du péché originel et de son remède.

N. F. Chinois 3381; ex. ms.

82—2. 身後編

Chen heou pien, 2 k. — Mot-à-mot: « Après cette vie », ou : Traité de la vie future.

83—3. 老人妙處

Lao jen miao tch'ou. — Avantages de la Vieillesse.

84—4. 教要

Kiao Yao. — Précis de la Religion.

85—5.

Sapientia Sinica ‖ Exponente P. Ignacio a Costa Lusitano ‖ Soc.

Ies. ‖ a P. Prospero Intorcetta Si-
culo eiusd. Soc. ‖ orbi proposita.

Fleuron avec *I H S* et les noms chinois de
Jésus, Intorcetta, da Costa, etc., ainsi placés :

Kién chām in urbe Sinarū ‖
Prouinciae Kiām Sī. 1662 ‖ Superiorum permissu.

Petit in-folio.

Nous avons examiné au British Museum un
exemplaire C. 24. b. 2. de cet ouvrage qui est
fort rare; en voici la description :

L'ouvrage se compose de 51 feuillets doubles :

1er feuillet, *recto* : Titre, *ut supra; ce titre*
est encadré dans une bordure.

1er feuillet, *verso* : Facultas R. P. V. Proū-
lis... signée : Iacobus le Faure.

2e feuillet, *recto* : [Epistola] R. R. Patribus
Extremi Orientis. Datée «Ex 建昌 Kién chām
Vrbe Prouinciae 江西 Kiām sī 13. Apri-
lis 1662. R. R. VV. Humillimus seruus Prosper
Intorcetta.

2e feuillet, *verso* — 3e feuillet, *recto* : Ad
Lectorem.

3e feuillet, *recto,* jusqu'au 4e feuillet, *verso* :
Vita Confucij Principis Sapiētiae Sinicae.

5e feuillet, *recto et verso* : Missionarijs ad
Sinas pergentibus et Authori S. P..... daté :
«Fo cheū fù 25. 8bris. 1660. Andreas Ferram
Soc. Ies.»

Ces cinq feuillets ne sont pas numérotés; les
pages suivantes portent des chiffres arabes, 1,
2, 3, 4, et les feuillets (sur la tranche), des
chiffres chinois, 一 二 三 四...

Lib. *Ta Hio,* p. 1-14 = feuillet 七 (7). On
lit p. 14 : finis lib. *ta hio.*

2 pages blanches = 1 feuillet.

Lib. *Lun Yu,* p. 1-76 = feuillet 三 八 (38)
On lit au bas de la page 76 comme réclame :
«Lib. *Lùn Yù* Pars 6», le vol. ne comprenant
que les 5 premières parties du *Lun yu.*

La Bibl. nat. (F. Chinois 208) possède les
38 feuillets du *Lun yu* provenant de la collection de Rémusat, n° 1597, vend. 100 francs.

85 *bis*—3.

Sinarvm

Scientia

Politico-Moralis

殷 *yn*   耶 *ie*

鐸 *tō a*   穌 *sv*

澤 *çē*   會 *hoei*

P. Prospero Intorcetta

Sicvlo Societatis

Iesv

in

Lucem edita

著 *chù*

Petit in-folio.

Collation :

— 1er feuillet double : blanc.

— 2e feuillet, *recto : titre ut supra,* reproduit
en fac-similé.

— 2e feuillet, *verso* :

Moderatores Societatis Iesv in Sinensi V. Pro-
uinciá Ignatius à Costa Lvsitanus — Iacobus le
Faure Gallus — Matthias à Maya Lusitanus
— Felicianus Pacheco Lusitanus suo singuli tem-
pore — Approbarunt É Iesv Societate Antonius de
Gouuea Lusitanus — Petrus Cancuari Genuesis
— Franciscus Brancato Siculus — Io. Francis-
cus de Ferrarijs Pedemontan — Humbertus
Augeri Gallus — Adrianus Grelon Gallus —
Iacobus Motel Gallus — Io. Dominicus Gabiani
Pedemontan — Emmanuel Georgius Lusitanus
— Philippus Couplet Flandrobelga — Francis-
cus Rougemont Flandrobelga — Christianus
Herdtrich Austriacus recognoverunt.

Chaque nom est précédé des caractères chinois qui le représentent.

— 3e feuillet, *recto* :

Facultas R. P. Vice provincialis. Ego infrascriptus Societatis Iesv in Sinis Praepositus Vice provincialis potestate mihi factà ab A. R. P. N. Iohanne Paulo Oliua Praep. : Generali, do fa- | cvltatem P. Prospero Intorcetta ejusdem Societatis, vt typis excvdendam curet *Sinarvm Scientiam Politico-moralem* : quod opvs primvm à

SINARVM

SCIENTIA

POLITICO-MORALIS

殷 yn̄
鐸 tŏ
澤 çĕ

A

耶 IĔ
穌 sv̄
會 hoéi

P. PROSPERO INTORCETTA

Sicvlo Societatis

IESV

IN

Lvcem edita

著 chú

P. Ignatio a Costa, deinde à P. Iacobo le Favre, demvm à P. Matthia à Maya praedecessorib. meis approbatvm, & à dvodecim alijs Pa- | trib. Soc^{tis} nostrae in Sinis recognitvm, & pvblica lvce dignvm judicatvm fvit. In qvorum fidem has manu meà signatas, & sigillo officij mei mvnitas dedi. In vrbe Quàm cheū metropoli Sinensis pvinciae Quàm tvm die 31. mensis Iulij. Anni 1667. Felicianus Pacheco.

— 4e feuillet. Ce feuillet est simple; il est de deux pages à la manière européenne, tandis que les précédents sont doubles à la manière

præ ſuis contemnentem. Multó magis tamen cauendum nobis erit, ne uerbo ſcriptoue damnemus, aut lædamus eum, quem tota gens tanto. pere ſuſpicit, ac ueneratur, ne huic odioſi reddamur, non nos ipſi tantúm, ſed ipſe met, quem prædicamus, Chriſtus; et dum forte contemnimus aut condemnamus eum, qui tam conſentanea rationi docuit, quique uitam ac mores cum doctrinâ ſuâ conformare ſemper ſtuduit, uideamur nos Europæi, Sinis ſaltem, non tam cum Magiſtro ipſorum, quám cum ratione ipſâ pugnare uelle, et huius lumen, non autem Conticij nomen extinguere.

Cœt Itetum Recognitum, ac in lucem editum Die. 1. Octobris. Anno 1669.

SVPERIORVM PERMISSV.

chinoise. Il contient l'avertissement du P. Intorcetta au lecteur.

— 13 feuillets doubles chinois contiennent le *Tchoung young*; 1 feuillet est consacré au titre; il est déchiré dans l'ex. de la Bibliothèque nationale; les 12 feuillets suivants sont numérotés de — à ±.

— 14 feuillets simples, de 2 pages à la manière européenne, continuant le *Tchoung young*: les pages sont numérotées sur la tranche avec des chiffres chinois de 13 à 26; elles sont divisées en deux colonnes : à gauche, le latin; à droite, le chinois.

— 1 feuillet blanc.

— 4 feuillets simples : Confvcii Vita; au bas de la page 8, on lit : «Goae Iterum Recognitum, ac in lucem editum Die. 1. Octobris. Anno 1669. Svperiorvm Permissv».

Nous reproduisons cette dernière page.

En résumé, 36 feuillets, dont 16 doubles chinois (1 blanc) imprimés à Canton, et 20 simples (1 blanc) imprimés à l'européenne à Goa.

Cet ex. appartient à la Bibl. nat. de Paris (N. F. Chinois 209); il provient de la collection de Rémusat, n° 1596, vendu 40 francs. On verra qu'il est en tous points semblable à l'ex. de la maison professe des PP. Jésuites de Palerme, passé dans la Bibl. nat. de cette ville et décrit par le P. de Backer, et mieux encore, p. 290-1, du *Catalogo ragionato* [1].

D'après ce qui précède, on verra donc que le nom d'éditions de Goa donné à ces anciennes publications n'est justifié que par l'impression de l'avertissement d'Intorcetta, d'une partie du *Tchoung young* et de la Vie de Confucius dans cette ville portugaise; que le reste du *Tchoung young* est de Canton; que le *Ta-Hio* et le *Louen yu* (en partie) sont du Kiang-si, et que rien n'en a été publié à Goa.

Une note du Cat. de Rémusat, n° 1597, dit que : «L'exemplaire complet, seul connu en Europe, des ouvrages de Confucius publiés en chinois et en latin par le P. Intorcetta, édition de Goa, existe à la Bibliothèque impériale de Vienne».

Il est probable qu'il contient, comme celui de la Bibl. de Palerme, les deux ouvrages que nous venons de décrire.

La Vie de Confucius publiée dans l'éd. de 1669 est différente de celle qui est donnée dans l'éd. de 1662.

Il y a un ex. de la première partie du *Louen-yu* au Collège de Siu Ca-wei, formant un cahier de 72 pages; on a remarqué que les ex. que nous venons de décrire avaient 38 feuillets et comprenaient les 5 premières parties du *Louen-yu;* le nom du P. Ferran se trouve au bas de la dernière page de l'ex. de Siu Ca-wei.

XIII. **Couplet (Philippe)**, 柏應理 *Pe Ing-li*, S. J.

Né à Malines le 31 mai 1622; arrivé en Chine en 1659; † en mer, près de Goa, le 16 mai 1693.

86—1. 天主聖教永瞻禮單

T'ien-tchou cheng Kiao yong tchen li tan. — Calendrier perpétuel pour les fêtes de tous les saints et de tous les martyrs.

N. F. Chinois 3268 et 3269.

87—2. 天主聖教百問答

T'ien-tchou cheng Kiao pé wen ta. — Réponses à cent demandes sur la religion chrétienne.

Fourmont CLXXXII. — N. F. Chinois 3259 et 3260. Réimp. en 1868 en une br. in-8°. — Ecole L. O. V., *Mél.*, 4°, 159.

Coréen, *Syeng kyo păik moun tap*, par Mgr Blanc, Miss. étrangères, 1884. Cf. *Bibl. coréenne*, 2699.

88—3. 四末眞論

Se mo tchen louen. — La vraie doctrine des quatre choses les plus nouvelles (quatre fins de l'homme).

N. F. Chinois 3118 à 3121. — Réimp. en 1825 en un vol. in-12.

[1] Catalogo ragionato dei Libri di prima stampa e delle edizioni aldine e rare esistenti nella Biblioteca Nazionale di Palermo compilato dal Sac. Antonio Pennino, Assistente di essa Biblioteca. Vol. I, Palermo, 1875, in-8°, p. 284-302.

La vie de Candide Hiu (voir *Bibl. Sinica*) du P. Couplet a été traduite en chinois par le père indigène Jean-Baptiste Hiu 許靖邦 *Hiu Tsing pang* et imprimée en 1882 en un vol. in-8°, sous le titre de 許太夫人傳 *Hiu tai fou jen tchouan.*

89—4. 聖玻而日亞行實

Cheng Pouo-eul-ji-ya hing che. — Vie de saint François de Borgia ?

90—5. 聖若瑟禱文

Cheng Jo-che tao-wen. — Litanies de saint Joseph.

91—6. 周歲聖人行署

Tcheou souei Cheng-Jen hing lio. — Vies abrégées des Saints de toute l'année.

XIV. **Cunha (Simon da)**, 瞿西滿 *Kiu Si-man*, S. J.

Né à Coïmbre en 1587 ; arrivé en Chine en 1629 ; † à Macao en septembre 1660.

92—1. 經要直指

King yao tchi tchi. — Brève démonstration de la doctrine chrétienne.

XV. **Dentrecolles (François-Xavier)**, 殷弘緒 *In Hong-siu*, S. J.

Né le 25 février 1663 à Lyon ; arrivé en Chine en 1698 ; † le 2 juillet 1741.

93—1. 主經體味

Tchou king t'i wei. — Explication de l'Oraison dominicale.

Publié en 1743. N. F. Chinois 3196, 3197 et 3231. — Réimp. en 1881 en un vol. in-12.

94—2. 逆耳忠言

I eul tchong yen. — Paroles fidèles pour frapper les oreilles.

Ouvrage composé de 4 livres sur l'utilité des persécutions pour la Foi, l'exemple des Saints Martyrs, etc.

N. F. Chinois 3036 et 3037. — Réimp. en 1873 en un vol. in-8°.

95—3. 莫居凶惡勸

Mo kiu hiong ngo k'iuen. — Exhortation pour ne pas rester dans la société des hommes vicieux et méchants.

N. F. Chinois 3030 et 3031.

96—4. 訓慰神編

Hiun wei chin pien. — Histoire de Tobie.

N. F. Chinois 2916 et 2917. — Réimp. en 1872 en un vol. in-12.

XVI. **Des Roberts (Joseph-Louis)**, 趙類思 *Tchao Lei-seu*, S. J.

Né à Montmédy le 13 juin 1703; arrivé en Chine en 1737; † à Pé-king le 21 avril 1760.

97—1. 默想規程

Mé-siang kouei tcheng. — Règles de la méditation.

XVII. **Diaz (Emmanuel) jeune**, 陽瑪諾 *Yang Ma-no*, S. J.

Né à Castello-Branco (Portugal) en 1574; arrivé en Chine en 1610; † à Hang-tcheou le 4 mars 1659.

Suivant le P. Foureau, Diaz a écrit huit livres concernant la religion.

98—1. 聖若瑟行實

Cheng Jo-che hing che. — Vie de saint Joseph.

Fourmont CCLXXIV. — N. F. Chinois 2797, 2798 et 2799; cette éd. diff. des précédentes qui sont semblables.

99—2. 天問畧

T'ien wen lio. — De la sphère.

Fourmont CCCXXXIX. — N. F. Chinois 3296.

«It is a concise description of the Ptolemaic astronomy written in 1614. It is in the form of a dialogue, and illustrated by numerous diagrams. At the end the author notices the recent discovery of the telescope, with Galileo's Observations on Saturn, the ring of which he took for two small stars attached to that planet, Jupiter's four moons, and the milky-way strewed with fixed stars.» (Wylie, p. 87.)

100—3. 十誡直詮

Che kiai tchi ts'iuen. — Simple explication du Décalogue.

N. F. Chinois 2775. Publié en 1642. — Réimp. en 1798 en un vol. in-8°. — École L. O. V., P. VIII, 16.

Traduit en coréen, *Sip kyei tjin tjyen, Bibl. coréenne*, 2799.

101—4. 聖經直解

Cheng-King tchi kiai. — Évangiles des dimanches et des principales fêtes de l'année.

Forme 14 livres. L'ouvrage a été terminé en 1636. Fourmont CXCV. — N. F. Chinois 2849 et suivants. Réimp. en 1790 en 8 vol. in-8°, à Pé-king.

Il y a deux éd. de Pé-king, 1790, en 8 *peun* à l'École des L. O. V., P. VIII, 1 et 2.

«Sans contredit un des meilleurs [livres] qui aient été faits en Chine, dit le P. Foureau... Cette traduction du texte sacré, quoique simple et aussi littérale que le peut permettre le génie de la langue chinoise, est regardé, même par les lettrés, comme un modèle d'éloquence.»

Un lettré chinois en fit un abrégé en langue mandchoue (Sommervogel).

Traduit en coréen, *Syeng kyeng tjik hăi, Bibl. coréenne*, 2715.

102—5. 天學舉要

T'ien hio kiu yao. — Abrégé de la Sainte Loi.

N. F. Chinois 3221 et 3222; ex. ms.

103—6. 唐景敎碑頌正詮

T'ang king kiao pei song tcheng ts'iuen. — Explication de l'inscription de la pierre de Si-ngan fou gravée au viie siècle et découverte au xviie.

Fourmont CCLXXVIII. — Réimp. en 1878 en un vol. in-8°. — Courant, 1190, éd. de 1644. Attribué au P. A. Semedo par le P. Gabiani.

Cf. Courant, 1322.

104—7. 代疑論

Tai i louen. —- Dissertation sur différents doutes sur l'Incarnation.

N. F. Chinois 3135 et 3136.

105—8. 袖珍日課

Sieou tchin ji k'o. — Journée du Chrétien.

N. F. Chinois 3093.

106—9. 輕世金書

K'ing chi kin-chou. — Livre d'or du mépris du monde.

Traduction libre de l'*Imitation de Jésus-Christ.* Publié en 1640; réimp. en 1757, 1800 et 1815, en 4 vol., et en 1848, en un vol. in-8°. N. F. Chinois 2979, 2980 et 2981. — B. M., p. 254.

Traduit en coréen, *Kyeng syei keum sye, Bibl. coréenne,* 2734.

«The style of this is unexceptionable to literary taste.» (Wylie.)

«Cette traduction de l'*Imitation de J.-C.* était restée incomplète. L'auteur de l'édition de 1757, nommé Li Jo-han, dit que le P. Michel Tsiang la termina, et que le P. Tchao Lai-se y joignit un commentaire en style commun. Ces deux Pères sont probablement les PP. Michel Benoist et Louis des Roberts, S. J.» (Sommervogel.)

Une autre traduction plus exacte, mais moins littéraire de l'*Imitation de Jésus-Christ,* traduction dont l'auteur est resté inconnu, a été réimp. en 1860 en 4 vol. in-12, sous le titre de : 遵主聖範 *Tsouen tchou cheng fan,* N. F. Chinois 3347; elle a été traduite en coréen, *Tjyoun (tjoun) tjyou syeng pem, Bibl. coréenne,* 2733.

L'*Imitation de J.-C.* a été traduite en japonais et imprimée en 1596. Cf. E. M. Satow, *The Jesuit Mission Press in Japan,* p. 28.

107—10. 輕世金書句解

King chi kin chou kiu kiai. — Explication de l'Imitation.

Ms. à Zi Ka-wei.

108—11. 避罪指南

Pi tsouei tchi-nan. — Directoire (Boussole) pour la fuite du Péché.

109—12. 天神禱文

T'ien chin tao wen. — Litanies des Saints Anges.

Réimprimées en 1882 à Tou-sè-wè.

XVIII. **Duarte (Jean)**, 聶若望 *Nié Jo-wang.*

Né au Portugal le 27 novembre 1671; arrivé en Chine en 1700; † ?

110—1. 八天避靜神書

Pa t'ien pi tsing chin chou. — Retraite de huit jours.

Ms. à Zi Ka-wei.

XIX. **Fernandez (Juan)**.

Franciscain de la province de Saint Jean-Baptiste.

Né à Almansa, Espagne; arrivé aux Philippines en 1696 et en Chine en 1697; † à Almansa le 3 février 1735, à 80 ans.

111–1.

Compendio de la Doctrina Cristiana.

En caractères chinois. — Imprimé en 1705.
Huerta, *Estado*, cité par le Fr. M. da Civezza.

112–2.

Tractado sobre el modo de confesar.

En caractères chinois. — Imprimé en 1705.
Huerta. — M. da Civezza.

113–3.

Tractado mistico sobre la comunion espiritual.

En caractères chinois. — Imprimé en 1705.
Huerta. — M. da Civezza.

XX. **Ferran (André)**, 郎安德 *Lang Ngan-té* ['*An-té* pour André], S. J.

Né au Portugal en 1621; arrivé en Chine en 1659; † à Fou-tcheou en 1661.
Voir COSTA (Ignacio da). n° 85 *bis*, p. 20.

XXI. **Ferreira (Gaspar)**, 費奇規 *Fei Ki-kouei*, S. J.

Né au Portugal, à Castro-journão, diocèse de Viseu, en 1571; arrivé en Chine en 1604;
† à Pé-king le 27 décembre 1649.

114–1. 振心諸經

Tchin sin tchou king. — Exercice de piété pour enflammer les cœurs des fidèles.

N. F. Chinois 3158.

115–2. 周年主保聖人單

Tcheou nien tchou pao Cheng-Jen tan. — Billets des Saints protecteurs pour tous les jours de l'année.

116–3. 玫瑰經十五端

Mei kouei king che ou touan. — Les 15 mystères du Rosaire.

XXII. **Figueredo (Roderic de)**, 費樂德 *Fei Lo-té*, S. J.

Né au Portugal, à Coruche, diocèse d'Evora, en 1594; arrivé en Chine en 1622; † à Kai-foung fou le 9 octobre 1642.

117–1. 念經總牘

Nien king tsoung tou. — Prières chrétiennes.

N. F. Chinois 3038; ex. incomplet; ne contient que le dernier volume de l'ouvrage.

118–2. 聖教源流

Cheng-Kiao youen lieou, 1 k. — Origine et Progrès du Christianisme.

Couplet traduit : «Explication(?) de la Loi chrétienne», et ajoute que cet ouvrage parut sous un nom étranger.

Imprimé à Kaï-foung fou, sous un nom de fonctionnaire.

119—3. 念經勸

Nien king k'iuen, 1 k. — Exhortation à la prière vocale.

XXIII. **Froes (João)**, 伏若望 *Fou Jo-wang*, S. J.

Né au Portugal, à Portalegre, en 1588; arrivé en Chine en 1624; † à Hang-tcheou le 11 juillet 1638.

120—1. 五傷經禮規程

Ou chang king li kouei tch'eng. — Méthode pour prier les cinq blessures du Christ.

N. F. Chinois 3042.

121—2. 善終助功

Chen tchong tchou kong. — Méthode pour assister les mourants.

N. F. Chinois 2768 et 2769. — 96 feuillets.

122—3. 苦難禱文

K'ou-nan tao wen. — Litanies de la Passion.

XXIV. **Furtado (Francisco)**, 傳汎濟 *Fou Fan-tsi*, S. J.

Né en 1587 à Fayal (Açores); entra dans la Cⁱᵉ en 1608; arrivé en Chine en 1621; † à Macao le 21 novembre 1653.

123—1. 名理探

Ming li tan. — Recherches philosophiques.

C'est la traduction d'une partie de la Philosophie des *Conimbricenses* [Collège de Coïmbre]. (Sommervogel.)

Introduction de Li Tchi-tsao.

N. F. Chinois 3028-3029. — Courant, 3413, 3414.

124—2. 寰有詮

Houan yeou ts'iuen. — Du Ciel et du Monde.

Par le P. Furtado et Li Tchi-tsao qui a écrit la préface (1628). Planches gardées au pavillon Ling-tchou-hiuen.

Cet ouvrage fut publié aux frais de Léon, docteur japonais, qui revit la traduction et composa la préface, comme pour l'ouvrage précédent. (Sommervogel.)

N. F. Chinois 2919. — 6 vol. reliés en un. — Courant, 3384.

XXV. **Gouvea (Alexandre de)**, 湯亞立山 *T'ang ya li chan.*

Franciscain, évêque de Pé-king.

125—1. 默想指掌

Mé-siang tchi tchang. — Guide à la méditation.

N. F. Chinois 3013 et 3014. Réimp. en 1848 et en 1860; École L. O. V., Z. ix, 30, en un vol. in-16.

Traduit en coréen, *Meuk syang tji tyang, Bibl. coréenne*, 2746.

XXVI. **Gouvea (Antonio de)**, 何大化 *Ho Ta-hoa*, S. J.

Né au Portugal, à Casale, diocèse de Viseu, en 1592; arrivé en Chine en 1636; † à Fou-tcheou le 14 février 1677.

126—1.

INNOCENTIA ‖ VICTRIX ‖ sive ‖ Sen- | tentia Comitiorum Imperij Sinici ‖ pro ‖ Innocentia ‖ Christianae Re-

ligionis ‖ Lata juridicè per An- | tonij de Govvea Soc^is. ‖ Iesv, ibi-
num 1669. ‖ & ‖ Ivssv R. P. An- | dem V. Provincialis ‖ Sinico-Latinè

INNOCENTIA VICTRIX

SIVE

Sententia Comitiorum Imperij Sinici

PRO

INNOCENTIA

CHRISTIANÆ RELIGIONIS

Lata Juridicè per Annum 1669.

&

Ivstv R. P. Antonij de Govvea Soc.^is
IESV, ibidem V. Provincialis
Sinico-Latinè expofita

Ihu Quàm cheu metropoli provincie Quàm tum in Regno Sinarum

Anno Salvtis Hvmanæ MDCLXXI.

L'exemplaire que nous avons examiné est celui de la Bibl. nationale où il est placé dans la Réserve. Dans le nouveau catalogue, il porte le n° O²n, 361. Il provient de la Bibliothèque de Falconet. Un autre ex. est marqué N. F. Chinois 3183. C'est un petit in-folio, imprimé avec des caractères en bois, à la manière chinoise, c'est-à-dire sur du papier plié en deux, le pli restant blanc intérieurement. Il y a 90 pages imprimées (45 feuillets) : le f. 1 r° contient un frontispice, que nous reproduisons, imprimé avec un bloc de bois, représentant une couronne de lumière, au centre de laquelle se trouvent les trois caractères I H S, avec trois clous au-dessous. Au-dessus de la couronne, on lit : *Innocentia;* au-dessous : *Victrix;* et autour : *e tenebris clarivs ipsis promicat.*

F. 1 v°. Caractères chinois (8) anciens : Xàm chù hě liň siuēn ý yū xi. Au-dessous : *In conspectv gen||tivm revelavit Iv|stitiam svam. Psal. 97.*

F. 2 r°. Le titre comme nous l'avons donné ci-dessus; reproduit en fac-similé.

F. 2 v°. Facvltas R. P. V. Provincialis... In Quàm cheū metropoli provinciae Quàm tūm. Die 28. Decembris Anni 1670. Antonius de Gouuea.

Les feuillets suivants sont numérotés; il y en a 43, c'est-à-dire 86 pages.

F. 1 r°. Libellus svpplex (offert par les PP. Louis Buglio, G. de Magalhaēns et Ferd. Verbiest).

F. 9 v°. Responsvm Concilij Ritvvm ad postvlata trivm Patrvm.

F. 18 v°. Mandatvm Imperatoris quo cavsa nostra Comitijs Imperij traditur examinanda.

F. 20 r°. Sententia Comitiorvm.

F. 24 v°. Responsvm Imperatoris ac Sententia.

F. 27 r°. Elogivm Exeqviale.

F. 30 v°. Libellvs svpplex.

F. 34 v°. Mandatum Imperatoris quod prodijt eiusdem anni & mensis die 28.

F. 35 r°. Consultvm ac Responsvm Concilij Rituum.

F. 37 r°. Alterum consultum & responsum eiusdem Concilij.

F. 39 v°. Placitvm Imperatoris ac Sententia data eiusdem mensis dvodecimi die vigesimā primā.

Le texte chinois des décrets, etc., est donné avec l'interprétation.

Voir dans les *Acta Sanctorum* (Danielis Papebrochii e Soc. Jesu Paralipomena addendorum, mutandorum, aut corrigendorum in conatu chronico-historico ad catalogum romanorum pontificum) post vol. mensis Maii : Dissertatio XLVIII, p. 126 et seq. — On trouvera l'*Innocentia victrix*, p. 131 et seq. L'ouvrage est attribué au P. Verbiest. — On conserve un exemplaire, C, 24, b, de l'*Innocentia Victrix,* dans une des vitrines de la King's Library, au British Museum.

Cet ouvrage a été rédigé par le P. Jean Lobelli, S. J. (Sommervogel.)

127—2. 蒙引要覽

Mong in yao lan. — Catéchisme en style vulgaire.

N. F. Chinois 3032.

XXVII. Gravina (Geronimo de), 賈宜睦 *Kia I-mou,* S. J.

Né en 1603 à Caltanissetta, Sicile; arrivé en Chine en 1637; ✝ à Tchang-tchéou le 4 sept. 1662.

128—1. 提正編

T'i tcheng pien. — Considérations sur les différents mystères de la Foi.

Fourmont CCIII. — N. F. Chinois 3320. Réimp. en 1870 en 2 vol. in-8°.

129—2. 辨惑論

Pien houo louen. — Petit traité pour dissiper les erreurs.

N. F. Chinois 3057.

XXVIII. **Greslon (Adrien)**, 聶仲遷 *Nié Tchong-ts'ien*, S. J.

Né à Périgueux, le 27 avril 1618; arrivé en Chine en 1657; † à Kan-tcheou en mars 1697.

130—1. 古聖行實

Kou cheng hing che. — Vies des saints Patriarches de l'Ancien Testament.

N. F. Chinois 2985, 2986 et 2987; ces ex. sont ms.

XXIX. **Hinderer (Romain)**, 德瑪諾 *Té Ma-no*, S. J.

Né à Reiningen, Alsace, le 21 septembre 1669; arrivé en Chine en 1707; † à Nan-king le 24 (Sommervogel dit 26) août 1744.

131—1. 與彌撒功程

Yu mi-sa kong tching. — Méthode pour assister à la Messe.

N. F. Chinois 3389.
Par 德瑪諾 Hinderer et 孟由義 Mendez, Manoël.

XXX. **Ibañez (Juan Buenaventura)**.

Franciscain; originaire d'Elche; s'embarqua des Philippines pour la Chine, 1649; se rendit à Rome, puis en Espagne, 1669; retourna aux Philippines et en Chine; † à Canton 11 octobre 1691, âgé de 84 ans.

132—1.

Catecismo ordinario para el uso de la Mision, etc.

Imprimé en chinois à Canton, 1601.

XXXI. **Intorcetta (Prospero)**, 殷鐸澤 *In To-tche*, S. J.

Né à Piazza, en Sicile, le 28 août 1628; arrivé en Chine en 1659; † à Hang-tcheou le 3 octobre 1696. Voir Costa (Ignacio da), n° 85, p. 17.

133—1. 耶穌會例

Ye-sou houei li. — Règles de la Compagnie de Jésus.

134—2. 西文四書直解

Si wen Se-Chou tchi kiai, 3 k. — Traduction latine des Quatre Livres.

Voir n° 85.

135—3. 泰西殷覺斯先生行畧

T'ai si In-kio-seu sien-cheng hing lio. — Vie du P. Intorcetta.

Gr. in-8° ms., 9 feuillets n. ch. double chinois, N. F. Chinois 4959. — Courant, 1096.

XXXII. Jesus (Francisco de).

Franciscain. — Né à Escalona, diocèse de Tolède; quitte Manille pour la Chine, 1636; prêche à Ts'iuen-tchéou, 1637; † à Manille, 1660.

136—1.

*Doctrina y pruebas de que no hay mas que un Dios trino en personas y uno en esencia, por el P. Fr. Francisco de Jesus, o Escalona, de la Provincia de S. José.

Imprimé en chinois, au Kouang-si, 1639.

137—2.

*Explicacion de todos los misterios necesarios para salvar se, etc.

Imprimé *ut supra*.

138—3.

*Razones de falsedad en los idolos y sectas de China, etc.

Imprimé *ut supra*.

139—4.

*Recopilacion de decretos dados por los Emperadores de China a favor de la ley Christiana, etc.

Imprimé *ut supra*.

XXXIII. Kögler (Ignace), 戴進賢 *Tai Tsin-hien.*

Né à Landsberg le 11 mai 1680; arriva en Chine le 30 août 1716; † à Pé-king le 29 mars 1746.

140—1. 儀象考成

I siang k'ao tch'eng. — Traité des Étoiles (avec figures).

En collaboration avec les PP. von Hallerstein, F. da Rocha et Gogeisl, «traduites peut-être de celles du P. Grammatici» (Sommervogel).

Ouvrage imprimé par ordre impérial.

XXXIV. Lobelli (Giovanni Andrea), 陵安德 *Lo Ngan-té* [*Anté* pour *André*], S. J.

Né à Lecca en 1610; arrivé en Chine en 1659; † à Macao en 1683.

141—1. 聖教畧說

Cheng Kiao lio chouo. — Abrégé de la Sainte Loi.

Fourmont CCLXIII. — N. F. Chinois 2816, 3256 et 3257.

142—2. 眞福直指

Tchen fou tchi tche. — Livre de la vraie Béatitude.

Publié en 1670 et non pas en 1673, en 2 vol. in-8°. — N. F. Chinois 2781; incomplet; et

3154-3156. — Fourmont CCXVIII. — Réimp. en 1873 en un vol. in-8°.

143—3. 善生福終正路

Chen cheng fou tchong tcheng lou. — Vrai chemin pour vivre bien et mourir heureusement.

Fourmont CCII. — N. F. Chinois 2757, 2759-2760, etc., 2 vol. de f. 67 + 5 feuillets prél. et 58. — N. F. Chinois 2758, éd. différente de la précédente. — 2761-2762 et N. F. Chinois 2765, éd. différente des précédentes. — Réimp. en 1846 et en 1853 en 2 vol. in-8°.

Traduit en coréen, *Syen syeng (säing) pok tjyong*, Bibl. coréenne, 2754.

144—4. 聖敎問答

Cheng-Kiao wen ta, 1 k. — Catéchisme dialogué.

N. F. Chinois 2831.

145—5. 聖敎撮言

Cheng-Kiao ts'ouo yen, 1 k. —

Abrégé des principaux points de doctrine.

146—6. 聖敎要理

Cheng-Kiao yao li, 1 k. — Doctrine nécessaire de la religion.

Voir Rougemont, n° 249.

147—7. 默想大全

Mé-siang ta ts'iuen. — Recueil de méditations.

148—8. 默想規矩

Mé-siang kouei kiu, 1 k. — Règles de la méditation.

149—9. 萬民四末圖

Wan min se mo tou. — Image des quatre fins dernières.

XXXV. **Longobardi (Nicolao)**, 龍華民 *Loung Hoa-min*, S. J.

Né à Caltagirone, Sicile, en 1566; arrivé en Chine en 1597; † à Pé-king le 1er septembre 1654. (Sur la tombe, il y a 11 décembre 1655.)

150—1. 死說

Sse chouo. — De la mort.

N. F. Chinois 3115; ex. ms.

151—2. 念珠規程

Nien tchou kouei tch'eng. — Méthode pour méditer les mystères du Rosaire.

N. F. Chinois 3041.

152—3. 靈魂道體

Ling houen tao t'i.

C'est un traité de psychologie, édité par le P. M. Martini.

N. F. Chinois 3001.

153—4. 聖敎日課

Cheng Kiao ji k'o. — Journée du Chrétien.

Ce manuel de prières a été complété par le P. de Monteiro et le P. E. Diaz.

Fourmont CCXXXI. — N. F. Chinois 2806, éd. diff. des suivantes : 2807, 2808, 2809, 2810, 2811, 2812. — Réimp. en 1864. — École L. O. V., P. ix, 31.

154—5. 聖若撒法始末

Cheng Jo-sa-fa chi mo. — Vie de saint Josaphat.

N. F. Chinois 2795 et 2796.

155—6. 地震解

Ti tchen kiai. — Explication des tremblements de terre.

156—7. 急救事宜

Ki kicou che i. — De l'importance du Salut.

157—8. 聖人禱文

Cheng Jen tao wen. — Litanies des Saints.

XXXVI. Magalhaens (Magaillans) (Gabriel de), 安文思 *Ngan Wen-seu.*

Né à Pedrogão en 1611; arrivé en Chine en 1640; † à Pé-king le 6 mai 1677.

158—1. 復活論

Fou houo louen, 2 k. — Traité de la Résurrection.

XXXVII. Mailla (Joseph Marie Anne de Moyria de), 馮秉正 *Fong Pin-tcheng,* S. J.

Né le 16 décembre 1669, au bourg de Moirans (Isère); arrivé en Chine en 1703; † à Pé-King le 28 juin 1748.

159—1. 朋來集說

P'eng lai tsi chouo. — Recueil d'entretiens d'amis, c'est-à-dire de Chrétiens qui se considèrent comme des amis.

N. F. Chinois 3064 et 3065.

160—2. 聖心規程

Cheng-Sin kouei tch'eng. — Méthode pour prier le Cœur du Christ.

N. F. Chinois 2882 et 2883.

161—3. 聖體仁愛經規條

Cheng ti jen ʻai king kouei t'iao. — Exercices préparatoires pour recevoir le Sacrement de l'Eucharistie.

Publié en 1719. — N. F. Chinois 2890 et 2891.

162—4. 聖經廣益

Cheng-King kouang i. — Évangiles des dimanches et des principales fêtes de toute l'année.

N. F. Chinois 2847 et 2848. — Réimp. en 1866 en 2 vol. in-12. — École L. O. V., Z. vii, 6.

163—5. 盛世芻蕘

Cheng chi tch'ou jao. — Traités divers.

Sur Dieu et la Création; du Péché d'Adam et de la rémission du monde; de l'âme, de la récompense des bons et du châtiment des méchants; des fausses religions.

N. F. Chinois 2787 et 2788; éd. différentes. Réimp. en 1863 en 4 vol. in-8°. — *Cat.* n° 28.

Traduit en coréen, *Syeng syei tchou* (*tchyou*) *yo*, d'après une édition chinoise de 1791, revue par Mgr Alexandre de Gouvea, *Bibl. coréenne*, 2748.

164—6. 聖年廣益

Cheng nien kouang i. — Année sacrée, ou Vies des Saints de l'année.

Traduction de l'ouvrage du P. Jean Croiset,

S. J., né à Marseille le 28 août 1656; † à Avignon le 31 janvier 1738.

Publié en 1738. Nouv. éd. 1815. — N. F. Chinois 2874 et 2875. Réimp. 1876 en 4 vol. in-16. A été trad. en mandchou en 1805; prohibé par l'Empereur Kia K'ing.

Traduit en coréen, *Syeng nyen kouang ik*, *Bibl. coréenne*, 2718.

165—7. 避靜彙鈔

Pi tsing houei tch'ao. — Traité de la retraite.

Ms. à Zi-ka-wei.

XXXVIII. **Martini (Martino)**, 衛匡國 *Wei Kouang-kouo*, S. J.

Né à Trente en 1614; arrivé en Chine en 1643; † à Hang-tcheou le 6 juin 1661.

166—1. 真主靈性理證

Tchin tchou ling sing li tch'eng. — Preuve par la Raison qu'il y a un Dieu et que nous avons une âme.

Fourmont CCXII. — N. F. Chinois 3004, 3005, 3165, 3166.

« Pour établir la première thèse qu'il y a un Dieu qui préside à l'Univers, l'auteur, dit le P. Foureau, tire sa démonstration des choses visibles, non en entrant dans le détail de toutes les parties de la nature, encore moins en parlant de la génération de tout ce qui a vie comme le prétend M. Fourmont, mais en prenant quelques points en particulier, tels que les éléments dont les choses matérielles sont composées, l'ordre immuable des saisons, le cours réglé des corps célestes, etc., qui ne sauraient être que l'effet visible d'une cause invisible. A l'égard de l'existence de l'âme, il la prouve par ses facultés mêmes et par ces sentiments intérieurs de droiture, d'amour du bonheur, du désir de la gloire, etc., que nous éprouvons tous.

« Ce livre est divisé en deux parties. La première ne renferme que quatre preuves de l'existence de Dieu. La seconde en contient vingt-trois sur l'âme. »

167—2. 述反篇

K'ieou yeou p'ien. — De l'Amitié.

Pour faire suite au 227.

Extrait de Cicéron, de Sénèque et du P. Charles Scribani, S. J. (né à Bruxelles le 21 novembre 1561; † à Anvers le 24 juin 1629).

N. F. Chinois 2977 et 2978. — Courant, 3415.

XXXIX. **Mendez (Manoel)**, 孟由義 *Meng Yeou-i*, S. J.

Né au Portugal, diocèse de Coïmbre, le 1er janvier 1656; arrivé en Chine en 1684; † à Macao en décembre 1743. Voir HINDERER, Romain.

XL. **Monteiro (João)**, 孟儒望 *Meng Jou-wang*, S. J.

Né au Portugal, à Meiamfrio, diocèse de Porto, en 1603; arrivé en Chine en 1637; † aux Indes en 1648.

168–1. 天學略義

T'ien hio lio i. — Abrégé de la loi divine.

N. F. Chinois 3223; ex. ms.

169–2. 天學辨敬錄

T'ien hio pien king lou. — Du culte vrai et faux et de l'adoration.

N. F. Chinois 3059.

170–3. 炤迷鏡

Tchao mi king. — Flambeau pour éclairer les ténèbres.

N. F. Chinois 3147 et 3148; ces ex. sont ms.

XLI. **Motel (Jacques)**, 穆迪我 *Mou Ti-ngo*, S. J.

Né à Compiègne en 1620: arrivé en Chine en 1657; † à Wou-tch'ang fou le 2 juin 1692.

171–1. 聖洗規儀

Cheng si kouei i. — Sur les cérémonies du baptême.

N. F. Chinois 2880.

172–2. 聖洗規儀

Cheng si kouei i. — Cérémonial du baptême.

Ms. à Zi Ka-wei. — Sans doute le même ouvrage que le précédent.

XLII. **Noël (François)**, 衛方濟 *Wei Fang-tsi*, S. J.

Né à Hesdrud (Hainaut) le 18 août 1651; arrivé en Chine en 1687; † à Lille le 17 septembre 1729.

173–1. 人罪至重

Jen tsouei tche tchong. — Livre sur la gravité du péché.

N. F. Chinois 2939; ex. ms. — Réimp. en 1873 en un vol. in-8°.

XLIII. **Ortiz** ou **Hortis**, 白多瑪 *Pe To-ma.*

Augustin espagnol, arrivé en Chine en 1695.

174–1. 聖教切要

Cheng Kiao ts'i yao. — Abrégé de la Religion catholique.

N. F. Chinois 2823. — Réimp. à Tou-sè-wè en 1842 (n° 84).

«La bibliothèque de la Mission de Séoul possède le manuscrit [en coréen *Syeng kyo tjyel yo*] de cet ouvrage (1 cahier de 82 feuillets) daté du 27° jour de la 3° lune de l'année cyclique *tyeng you*, 丁酉 (1837) et portant le nom du P. André Tche (André Kim?), qui, sans doute, est l'auteur de la traduction.» (*Bibl. coréenne*, 2695).

175–2. 四終署意

Se tchong lio yi. — Discours sur la Mort, le Jugement dernier, l'Enfer et le Paradis.

Publié en 1705.
Cité par Wylie, p. 142.
Réimp. à Tou-sè-wè en 1836 (n° 72).
Voir BENEVENTE (Alvaro de), n° 37.

XLIV. **Pantoja (Diego de)**, 龐迪我 *Pang Ti-ngo*, S. J.

Né en Espagne, à Valdemora, dioc. de Tolède, en 1571; arrivé en Chine en 1599; † à Macao en janvier 1618.

176—1. 耶穌苦難禱文

Ye-sou k'ou-nan tao wen. — De la Passion de Jésus.

N. F. Chinois 3377.

177—2. 未來辯論

Ouei lai pien louen. — Explication des choses à venir, ou des suites de la mort.

Fourmont CCLIX. — N. F. Chinois 3367.

178—3. 天主實義續篇

T'ien-tchou che i siu pien. — Supp. au *T'ien-tchou che i* (par Ricci). Voir n° 225.

N. F. Chinois 3238 et 3239.

179—4. 龐子遺詮

Pang tseu i ts'iuen. — Explication posthume du Symbole.

«This explains minutely the forms and doctrines of the Church of Rome, the last part giving an account of the early history and fall of man, as contained in the Old Testament.» (Wylie, p. 139.)

Fourmont CXCI. — N. F. Chinois 3010 et 3011.

180—5. 七克大全

Ts'i k'e ta ts'iuen. — Sept Victoires.

Les sept victoires = les sept vertus par opposition aux sept péchés capitaux. Publié en 1614. — Fourmont CCVI. — Réimp. en 1843 et en 1873 en 4 vol. in-8°.

Ne pas confondre cet ouvrage avec le 七克眞訓 *T'si k'e tchen hiun.* Vraie instruction des Sept Victoires; réimp. en 1857 en 2 vol. in-12.

«Un Chrétien, nommé *Tsoui tchang*, dit le P. Foureau, qui avait aidé le Père en ce travail (七克), a mis une préface de sa façon à chacun des sept chapitres, dans laquelle il a inséré plusieurs fables d'Ésope, par exemple celle du *Corbeau et du Renard* contre l'Orgueil, celle de la *Fourmi et de la Cigale* contre la Paresse. Ce genre d'instruction peu connu des Chinois leur plaît fort. L'ouvrage, au reste, est rempli de beaucoup de raisons très persuasives et à la portée de tout le monde. Du temps de l'empereur Kang Hi, une de ses femmes qui était pleine de défauts et bien peu supportable pour le caractère, l'ayant lu, en fut si frappée que, sans en venir à se faire chrétienne, elle se réforma beaucoup et son changement fut remarqué par l'empereur.»

Traduit en coréen, *Tchil keuk* ou *Tchil keuk tai tjyen.* — «D'après l'histoire de l'Église de Corée, le *Tshi khe* semblerait avoir été un des premiers ouvrages chrétiens introduits de Chine en Corée; le fonctionnaire *Ni-ik*, surnommé *Seng-ho*, dut l'avoir entre les mains, puisque dans ses écrits il parle des sept vertus opposées aux sept péchés capitaux, et, en 1777, *Kouen Tsiel-i* en possédait un exemplaire.» (Dallet, I, p. 11 et 15.) *Bibl. coréenne*, 2738.

181—6. 天神魔鬼說

T'ien chin mo kouei chouo. — Traité des anges et des démons.

182—7. 人類原始

Jen lei youen che. — De l'origine du genre humain.

183—8. 受難始末

Cheou nan che mo. — Histoire de la Passion.

184—9. 辯揭

Pien kié. — Réfutation (Apologie contre le persécuteur *Chen Kio*).

185—10. 奏疏

Tseou chou. — Mémoire au Trône.

Ms. à Zi Ka-wei.

XLV. **Parrenin (Dominique)**, 巴多明 *Pa To-ming*, S. J.

Né au Russey, dioc. de Besançon, le 14 septembre 1665; arrivé en Chine en 1698; † à Pé-king le 29 septembre 1741.

186—1. 濟美篇

Tsi mei pien. — Vie de saint Louis de Gonzague.

N. F. Chinois 3339 et 3340. — Réimp. en 1869 en un vol. in-12.

187—2. 德行譜

Té hing p'ou. — Vie de saint Stanislas Kostka.

Les trois premiers livres de l'ouvrage sont consacrés à Stanislas Kostka, le dernier à Paul Kostka. — Préface de l'auteur, 1726.

N. F. Chinois 3206 et 3207. — Réimp. en 1869 en un vol. in-12.

XLVI. **Pereyra (Thomaz)**, 徐日昇 *Siu Ji-cheng*, S. J.

Né au Portugal, à S. Martinho de Valo, le 1er novembre 1645; arrivé en Chine en 1673; † à Pé-king le 24 décembre 1708.

188—1. 南先生行述

Nan sien-cheng hing chou. — Vie du P. F. Verbiest.

Par les PP. Pereyra et Antoine Thomas. N. F. Chinois 3033. — Courant, 1032.

189—2. 律呂正義續編

Liu liu tcheng i siu pien. — Appendice au Traité de la Musique.

Courant, 3221-5.

XLVII. **Piñuela (Pedro)**.

Franciscain. — Né à Mexico; passe aux Philippines en 1671; puis en Chine en 1676: † à Tchang-tchéou le 30 juillet 1704, âgé de 54 ans.

Il a imprimé en chinois de Canton, suivant M. da Civezza, les ouvrages suivants, dont quelques-uns font peut-être double emploi avec ceux que je cite :

190—1.

Controversia de la ley de Dios contra los Gentiles.

191—2.

Vida de N. P. S. Francisco.

192—3.

Ejercicio de oracion de San Pedro de Alcantara, con addicciones.

193—4.

Catecismo de doctrina cristiana, con oraciones para confesar y comulgar, y otros ejercicios de virtud.

194—5.

Tratado sobre las virtudes de varias plantas y piedras.

195—6.

Regla de la Tercera Orden de San Francisco.

196—7.

Arte de la lengua Chinica en Castellano y Chino.

197—8. 初會問答

Tch'ou houei wen ta. — Dialogue d'un premier entretien (entre chrétien et païen).

198—9. 永暫定衡

Yong tsan ting heng. —— Du temps et de l'éternité.

Ms. à Zi Ka-wei.

199—10. 大赦解畧

Ta chè kiai lio. — Explication des Indulgences.

Ms. à Zi Ka-wei.

200—11. 默想神功

Mé-siang chin kong. — Exercice de la Méditation.

N. F., 4941; gr. in-8°, avec préface non datée; papier blanc, titre; incomplet.

201—12. 哀矜煉靈畧說

Ngai king lien ling lio chouo. — Traité pour relever les âmes du Purgatoire, 8 feuillets.

N. F. Chinois 2751 et 2752. — Réimp. en 1824 en un vol. in-16. *Cat.* n° 61.

XLVIII. **Poirot (Aloys de).**

Né en Lorraine le 23 octobre 1735; arrivé en Chine en 1770; † à Pé-king en 1814.

202—1. 古新聖經

Kou sin cheng king. — Ancien et Nouveau Testament.

Ms. incomplet conservé à Zi Ka-wei.

XLIX. **Prémare (Joseph-Marie de)**, 馬若瑟 *Ma Jo-ché*, S. J.

Né le 17 juillet 1666, au Hâvre de Grâce; arrivé en Chine en 1698; † à Macao le 17 septembre 1736.

203–1. 聖若瑟傳

Cheng Jo-ché tchouan. — Vie de saint Joseph, époux de la Vierge Marie.

Fourmont CCLXXVI. — N. F. Chinois 2802. Réimp. en 1872 en un vol. in-8°.

Le R. P. Sommervogel écrit : «La 1re édition fut donnée par les jésuites portugais. [Lettre du P. Contancin au P. Souciet. — Mss. de l'Observatoire, portef. 150.]»

204–2. 楊淇園行蹟

Yang K'i-youen hing tsi. — Vie d'un Chrétien chinois par des élèves chinois (Prémare).

N. F. Chinois 3370. — Voir n° 11.

L. **Rho (Giacomo)**, 羅雅各 *Lo Ya-ko*, S. J.

Né à Milan en 1590; arrivé en Chine en 1624; † à Pé-king le 26 avril 1638.

Suivant le P. Foureau, le P. Rho est l'auteur de dix-neuf livres différents sur la religion.

205–1. 天主經解

T'ien-tchou king kiai. — Explication de l'Oraison dominicale.

Fourmont CXCVI. — N. F. Chinois 3291 et 3292.

206–2. 天主聖敎啓蒙

T'ien-tchou cheng-Kiao k'i mong.

N. F. Chinois 3254.

207–3. 齋克

Tchai k'e. — Du jeûne et de la mortification.

N. F. Chinois 3143, 3144 et 3145.

208–4. 哀矜行詮

Ngai king hing ts'iuen. — Traité des œuvres de miséricorde.

N. F. Chinois 3034 et 3035. — Réimp. en 1873 en un vol. in-8°.

209–5. 求說

K'ieou chouo. — De la manière de prier.

N. F. Chinois 2952.

210–6. 聖記百言

Cheng ki pé yen. — Cent instructions spirituelles de sainte Thérèse.

N. F. Chinois 2803. — Réimp. en un vol. in-8° en 1873. *Cat.* n° 73.

211–7. 聖母經解

Cheng-Mou king kiai, 1 k. — Explication de l'Ave Maria.

212–8. 周歲警言

Tcheou souei king yen, 1 k. — Sentences pour tous les jours de l'année.

213–9. 測量全義

Tché liang ts'iuen i, 10 k. — (Géométrie) ou Traité complet de l'art des mesurages.

214–10. 比例規解

Pi li kouei kiai, 1 k. — Explication des règles de proportion.

215—11. 五緯表

Ou wei piao, 10 k. — Tables des 5 planètes.

216—12. 五緯曆指

Ou wei li tchi, 9 k. — Théorie des 5 planètes.

217—13. 月離曆指

Yué li li tchi, 4 k. — Théorie des mouvements de la Lune.

218—14. 月離表

Yué li piao, 4 k. — Tables des mouvements de la Lune.

219—15. 日躔曆指

Ji tchan li tchi, 1 k. — Théorie de la marche du Soleil.

220—16. 日躔表

Ji tchan piao, 2 k. — Tables de la marche du Soleil.

221—17. 黃赤正球

Houang tch'i tcheng kieou, 1 k. — Écliptique et Équateur.

Complet traduit : Règle du Zodiaque.

222—18. 籌算

Tcheou souan, 1 k. — Calcul népérien.

223—19. 曆引

Li yn, 1 k. — Introduction à l'Astronomie.

224—20. 日躔考晝夜刻分

Ji tchan kao tcheou yé ké fen. — Division du jour et de la nuit en quadrants et en minutes.

LI. **Ricci (Matteo)**, 利瑪竇 *Li Ma-teou*, S. J.

Né à Macerata le 6 octobre 1552; arrivé en Chine en 1583; † à Pé-king le 11 mai 1610.

225—1. 天主實義

T'ien-tchou che i. — Vraie doctrine de Dieu.

Publié en 1601. — Fourmont CLXX. — N. F. Chinois 3232 et suivants. — B. M., p. 122. — Réimp. en 1868 en 2 vol. in-8°. — École L. O. V., Z, VII, 2.

A été traduit en mandchou, en 1758, sous le titre de *Abkai edchen i ounengai dchourgan.* N. F. Chinois 2748 et 2749.

«Le P. Julien Baldinotti, jésuite de Pistoie, le fit réimprimer, en 1630, au Tonkin, pour la seconde fois, et il assure que l'élégance et la pureté du style de ce catéchisme contribuèrent puissamment au succès de ses prédications dans ce royaume.» (A. Rémusat, *Nouv. Mél. As.*, II, p. 213.)

Traduit en coréen, *Htyen tjyou sil eui.* «Cet ouvrage a dû être connu en Corée d'assez bonne heure : en effet, *Ni-Siou*, surnommé *Si-pong*, un des plus célèbres savants qu'ait eus la «Corée», le mentionne dans ses ouvrages et en donne une analyse assez exacte.» (Dallet, , p. 11.) *Bibl. coréenne*, 2701.

Traduit en japonais en 1684.

Traduit en français par le P. Ch. J. B. Jacques, S. J. (né à Vesoul le 30 décembre 1688; † à Canton le 31 août 1728) dans les *Lettres édifiantes*, 2° éd., 1781, t. XXV, p. 111-418, sous le titre de *Entretiens d'un lettré chinois et d'un docteur européen, sur la vraie idée de Dieu.*

226—2. 幾何原本

Ki ho youen peun. — Les six pre-miers livres d'Euclide.

N. F. Chinois 2959 et 2960. — B. M., p. 122.

D'après le P. Kircher, *China illustrata*, p. 117, le P. Ricci aura fait sa traduction d'après l'*Euclide* du P. Christophe Clavius, S. J. (né à Bamberg en 1538; † à Rome le 6 février 1612), publié à Rome en 1574 et en 1589.

M. A. Wylie a donné, en 1857, à Soung Kiang 續 | | | | *Su ki ho youen peun*, une traduction des livres VII à XV d'Euclide en continuation de la traduction de Ricci. En 1865, le Vice-Roi Ts'eng Kouo-fan a fait réimprimer Ricci et Wylie à Nanking.

227—3. 交友論

Kiao yeou louen. — De l'Amitié.

N. F. Chinois 2971. Pub. en 1595; commencé à Nan tchang, cap. du Kiang si. — Courant, 3371. — Voir n° 167.

Le P. Ricci traduisit cet ouvrage en italien; j'en ai vu, dit le P. Sommervogel, cette nouvelle édition :

Dell' amicizia. Breve trattato del Padre Matteo Ricci Maceratese, ristampato per cura di Maria Corraducci per le ben augurate nozze del Marchese Giuseppe Accorrelli colla nobile Signorina Bianca dei Conti Misturi Małaccari. Macerata, tip. dei fratelli Mancini, 1885, in-16, p. 16.

228—4. 同文算指通編

Toung wen souan tchi t'oung pien. — Traité général d'arithmétique.

N. F. Chinois 3304.

Traduit de l'*Epitome Arithmeticae Practicae*, du P. Chr. Clavius, publié à Rome en 1583 et à Cologne en 1584.

229—5. 西國記法

Si kouo ki fa. — Art de la Mémoire.

N. F. Chinois 3089.

230—6. 勾股義

Keou kou i. — Trigonométrie.

N. F. Chinois 2947.

231—7. 二十五言

Eul che ou yen. — Vingt-cinq sentences morales.

Préface par Fong Ying-king 馮應景, de Hiu-yi (1604), pour la seconde édition; postface de Siu Kouang-ki, de Yun-kien (1604). Gravé à la salle K'in-yi, au Fou-kien.

Une autre édition s. d., revue par Wang Jou-chouen.

N. F. Chinois 4810. — Courant, 3378.
N. F. Chinois 2902. — Courant, 3376.

232—8. 圜容較義

Houan yong kiao i. — Géométrie plane.

Par Li Tchi-tsao, d'après le P. Ricci; préf. de Li Tchi-tsao (1614).
N. F. Chinois 2920.

233—9. 畸人十篇

Ki-jen che pien. — Dix conversations sur des sujets de religion et de morale.

Fourmont CCXXIII. — N. F. Chinois 2961 et 2962. — Publié en 1608. — Réimp. en 1847 en 2 vol. in-8°. — École L. O. V., Z. VI, 38.

Ki-jen était l'un des *hao* (nom d'honneur) du P. Ricci; son autre *hao* était 西泰 *Si-t'ai*, grand *homme d'Europe*.

234—10. 徐光啓行畧

Siu Kouang-k'i hing lio. — Vie de Siu Kouang-k'i (1678).

Par Tchang Sing-yao et le P. Couplet. N. F. Chinois 3112; ex. ms. — Courant, 023.

235—11. 辯學遺牘

Pien hio i tou. — Controverse avec les sectes idolâtres.

Fourmont CCXLV. — N. F. Chinois 3054, 3055 et 3056.

236—12. 乾坤體義

K'ien k'ouen ti i. — Du Ciel et de la Terre.

N. F. Chinois 2953 et 2954.

237—13. 經天該

King t'ien kai. — Catalogue d'étoiles (en vers).

Rééd. en 1800.

238—14. 奏疏

Tseou chou. — Mémoire au Trône, du 27 janvier 1601, pour l'entrée de Ricci à Pé-king.

Ms. à Zi Ka-wei. — Reproduit dans plusieurs ouvrages.

239—15. 齋旨

Tchai-tchi. — Traité sur le Jeûne.

Ms. à Zi Ka-wei.

240—16. 測量法義

Tche liang fa i. — Des Mesures.

Is the substance of an oral translation by Ricci, being an explanation of the theory of astronomical measurements by means of the right-angled triangle, and treats of, the construction of instruments, Shadows, and Practical rules in sixteen Propositions, with an appendix on the Rule of three. (Wylie, p. 88.)

241—17. 西字奇蹟

Si tseu ki tsi. — Singularités des caractères occidentaux.

242—18. 渾葢通憲圖説

Houen kai t'oung hien t'ou chouo, 2 kiuen. — Explication de la Sphère céleste.

243—19. 萬國輿圖

Wan kouo yu t'ou. — Grande « Carte de l'Univers » de forme elliptique.

Cette mappemonde fut imprimée sur soie, en douze grandes tables, par les soins du mandarin Ligotzum. Ricci la fit pour les Chinois; il s'y conforma à leurs habitudes, en plaçant la Chine dans le centre de la carte et en disposant les autres pays autour du *Royaume du Milieu.* — Riccioli ajoute (*Almegest. nov.*, 1651, fol., page XL) que, pour se conformer encore davantage aux idées des Chinois, Ricci, au lieu de suivre la projection stéréographique ordinaire, selon laquelle la partie centrale est vue plus en petit qu'aucune autre, y représenta, au contraire, la Chine plus en grand... — Le continuateur de Léon Pinelo croit que cette mappemonde de Ricci est la même que Gemelli-Carreri dit avoir vue dans la Bibliothèque de Péking (*Giro del Mundo,* part. IV, fol. 198. Napoli, 1699-1700, 6 vol. in-12) (Sommervogel).

244—20.

Rapport sur la vie du P. Ricci, daté de 1586 (date erronée, il faut sans doute lire 1616), présenté par les PP. de Pantoja et Sabbathinus de Ursis.

Pet. in-8°, ms.

N. F. Chinois 2972. — Courant, 1321.

LII. **Rocha (João da)**, 羅如望 *Lo Jou-wang*, S. J.

Né au Portugal, à Braga, en 1565; arrivé en Chine en 1598; † à Hang tcheou en mars 1623.

245—1. 天主聖敎啓蒙

T'ien-tchou cheng-Kiao k'i mong. — Clef pour ouvrir la loi de Dieu.

Fourmont CLXXVIII.

246—2. 啓蒙

K'i mong. — (Catéchisme :) Ouverture aux ignorants.

Dans un titre plus complet, *Ki mong* est précédé de *T'ien-Tchou Cheng Kiao*, Sainte Religion du Seigneur Ciel. — Voir *supra*, n° 245.

247—3. 天主聖像畧說

T'ien-tchou cheng siang lio chouo. — Traité sur Dieu.

Il y a une éd. de 1719. — *Cat.* Klaproth, II, N. 54.

LIII. **Rougemont (François de)**, 魯日滿 *Lou Ji-man*, S. J.

Né à Maestricht le 2 avril 1624; arrivé en Chine avec le P. Intorcetta en 1659; † à Tchang-tchéou le 4 novembre 1676.

248—1. 要理六端

Yao li lou touan. — Prière nécessaire avant le baptême.

N. F. Chinois 3374.

249—2. 天主聖敎要理

T'ien-tchou cheng-Kiao yao li. — Doctrine nécessaire de la Sainte Loi.

Fourmont CLXXIX. — N. F. Chinois 2837 et 2838, éd. diff.

Le P. And. Lobelli a également composé un ouvrage sous ce titre; voir n° 146.

Peut-être traduit en coréen, *Syeng-kyo yo ri.* Cf. *Bibl. coréenne*, 2697.

250—3. 問世編

Wen chi pien.

Le P. Pfister traduit «Réfutation des Sectes idolâtriques sous forme de dilemne». Mot à mot : «Traité où l'on en appelle au monde.»

LIV. **Rudomina (André)**, 盧安德 *Lou Ngan-té*, S. J.

Né en 1596 en Lithuanie; arrivé en Chine en 1626; † le 5 septembre 1632, à Foutcheou.

Voir Aleni : *Keou to je tchao* (n° 21).

LV. **Ruggieri (Michaele)**, 羅明堅 *Lo Ming-kien*, S. J.

Né à Naples en 1543; arrivé en Chine en 1581; † à Salerne le 11 mai 1607.

251—1. 天主聖敎實錄

T'ien-tchou cheng Kiao che lou.

— Véritable aspect de la sainte Religion de Dieu.

Fourmont CCXV. — N. F. Chinois 3249.

« C'est, dit le P. Foureau, le premier ouvrage que l'on ait fait en faveur de la religion chrétienne, depuis qu'elle y est pénétrée dans le xvi⁰ siècle. Ce père [Ruggieri] était contemporain du P. Ricci, mais il l'avait précédé de quelques années dans la mission, et il composa ce livre la xix⁰ année de l'empereur Ouan li, qui répond à l'année 1584. »

LVI. **Sacramento (Manuel del).**

Franciscain de la province de S. Pablo. — Né à Villa Ibañez, diocèse de Valladolid; partit pour les Philippines, 1770, puis pour la Chine, 1772; † le 11 septembre 1823, âgé de 82 ans.

252—1.

*Arte del idioma chinico, por el P. Fr. Manuel del Sacramento de la Provincia de S. Pablo.

Imprimé à Canton, 1781.

LVII. **Sambiaso (Francesco),** 畢方濟 *Pi Fang-tsi,* S. J.

Né à Cosenza en 1582; arrivé en Chine en 1613; † à Canton et enterré à Macao en 1649.

253—1. 畫答

Hoa ta. — Réponses sur la Peinture.

Fourmont CCCLXIII. — N. F. Chinois 3204.

254—2. 睡畫二答

Chouei hoa eul ta. — Traité sur le Sommeil et les Peintures allégoriques.

Fourmont CCCLXIII. — N. F. Chinois 2897. — Courant, 3387.

255—3. 靈言蠡勺

Ling yen tchong tcho. — Sur l'Âme.

Fourmont CCXXI.

L'auteur « appelle l'âme *ya ni ma,* dit le P. Foureau, et c'est ce qui donna occasion, il y a vingt-cinq ans, à la conversion de *San Kong-ye,* chef de cette branche impériale qui a presque tout entière embrassé la religion chrétienne. On en voit l'histoire dans les *Lettres édifiantes.* Ce prince ayant par hasard aperçu dans ce livre ces mots *ya ni ma,* qu'il n'entendait point, et qu'il ne pouvait entendre, tout habile qu'il était, parce que ces trois sons ainsi réunis ne signifient rien en chinois, il eut la curiosité de lire le livre. Il en fut si touché que, s'étant instruit plus à fond dans d'autres ouvrages qui achevèrent de le convaincre, il se fit chrétien, et introduisit la religion dans sa famille, où, malgré ce qu'elle a eu à souffrir depuis, il y a encore plus de soixante chrétiens, la plupart très fervents. Cette petite anecdote suffirait seule à rendre le livre estimable ».

256—4. 奏摺

Tseou tche. — Mémoire au Trône.

257—5. 皇帝御製詩

Houang-ti Yu tchi chi. — Poésie impériale.

Adressée au P. F. Sambiaso, par l'un des prétendants à la succession des Ming, avec introduction impériale de 1645 (1re année Long-oou).

Ms. in-8°, de 12 ff. doubles.

N. F. Chinois 2341. — Courant, 1323.

LVIII. **San Juan Bautista (Manuel de)**, 利安寧 *Li Ngan-ning*.

Franciscain de la province de San José; arrivé en Chine en 1685; † à Pé-king le 10 mars 1710.

258—1. 破迷集

P'o mi ti. — Réfutation des superstitions.

259—2. 聖文都辣聖母日課

Cheng wen tou la Cheng-Mou ji k'o. — Petit office de la Sainte Vierge suivant saint Bonaventure.

Ms. à Zi Ka-wei.

LIX. **San Pascual (Augustin de)**, 利安定 *Li Ngan-ting*.

Franciscain de la province de S. Juan Bautista. Né à Marbella, diocèse de Malaga; part pour les Philippines, 1665, et la Chine, 1670: † en 1695? en mer, près d'Acapulco, Nouvelle-Espagne. Il a laissé un grand nombre d'ouvrages manuscrits. Voir M. da Civezza, p. 548.

260—1. 永福天衢

Yong fou t'ien kiu. — Voie céleste du bonheur éternel.

Imprimé à Canton, 1681; réimp. en 1873, Tou-sè-wè.

261—2. 成人要集

Tch'eng jen yao tsi.

N. F. Chinois 3173 et 3174.

LX. **Santa Maria (Antonio de)**, 利 *Li*.

Franciscain de la province de San Pablo. — Né à Baltanas, évêché de Palencia; baptisé le 20 avril 1602; envoyé en Chine en mai 1633; † le 13 mai 1669, à Canton.

262—1.

*Congruencia de la ley de Dios con las sectas de los letrados da China.

Imprimé en chinois, au Chan-Toung.

263—2.

*Discordancia de las sectas de los letrados de China con la ley de Dios.

Imprimé, *ut supra*.

264—3.

*Catecismo cristiano.

Imprimé à Canton, 1666.

265—4.

*Compendio de la ley de Dios.

Imprimé au Chan-Toung, 1680.

266—5. 正學鏐石

Tcheng hio leou che. — Pierre de touche de la vraie science.

Imprimé en 1703.

LXI. Sande (Eduardo da), 孟三德 *Meng San-té,* S. J.

Né le 4 novembre 1531, à Guimaraës (Portugal); arrivé en Chine en 1585; † à Macao le 22 juin 1600.

DE MISSIONE
LEGATORVM IAPONEN
sium ad Romanam curiam, rebusq; in
Europa, ac toto itinere animaduersis
DIALOGVS

EX EPHEMERIDE IPSORVM LEGATORVM COL-
LECTVS, & IN SERMONEM LATINVM VERSVS
ab Eduardo de Sande Sacerdote Societatis
IESV.

In Macaensi portu Sinici regni in domo
Societatis IESV cum facultate
Ordinarij, & Superiorum.
Anno   1590.

267—1.

animaduersis ‖ Dialogvs ‖ ex ephemeride ipsorvm legatorvm col ‖ lectvs, & in sermonem latinvm versvs ‖ ab Eduardo de Sande Sacerdote Societatis ‖ Iesv. ‖ [Vignette.] ‖ *In Macaensi portu Sinici regni in domo ‖ Societatis Iesv cum facultate ‖ Ordinarij, & Superiorum. ‖ Anno* 1590, in-4°, pp. 412, + 4 ff. n. c. au com. pour le tit., la perm., etc. + 12 ff. n. c. à la fin pour l'ind. et les errata.

Titre reproduit ci-contre en fac-similé.

Un ex., C. 24. a., est exposé au Musée Britannique dans la King's Library avec cette mention : «The first book printed by Europeans in China».

Le traité du P. Sande se trouve en espagnol et en latin dans les publications suivantes :

— Historia ‖ del reyno de Iapon ‖ y descripcion de aqvella ‖ tierra, y de algunas costumbres, cerimonias, y re-‖gimiento de aquel Reyno : Con la relacion de la ‖ venida de los embaxadores del Iapon a Roma... por el Doctor Buxeda de Leyua... *En Çaragoça.* ‖ Impressa... Pedro Puig... año 1591, in-8°.

— De ‖ trivm regvm ‖ Iaponiorvm legatis, ‖ qui nvper Romam profecti, ‖ Gregorio XIII, Pont. Max. ‖ obedientiam publicè præstiterunt. ‖ Varia ‖ Quæ Lectorem mirificè delectare, & piorum omnium ‖ animos ad maximas Deo gra-tias agendas vehe-‖menter excitare possunt. ‖ Denuo impressa cum extracto quarundam litterarum Roma ‖ missarum de eorum ad suos reditu. ‖ [Vig.] ‖ Lovanii, ‖ Ex officina Ioannis Masij, sub viridi Cruce. ‖ Anno M.D.LXXXV. ‖ Cvm gratia et privilegio. ‖ In-4°, p. 24.

British Museum, 493, h. 24.

— De ‖ trivm regvm ‖ Iaponiorvm legatis, ‖ qui nvper Romam ‖ profecti, Gregorio ‖ XIII. Pont. Max. Obedien ‖ tiam pvplice præ-‖ stitervnt. ‖ Varia ‖ Quæ Lectorem mirificè delectare, & piorum omnium ‖ animos ad maximas Deo gratias agendas vehe-‖ menter excitare possunt. ‖ [Vig.] ‖ Antverpiæ, ‖ Excudebat Martinus Nutius ad insigne dua-‖ rum Cyconiarum. Anno 1593, ‖ pet. in-8°, ff 16 n. c.

British Museum 1369, $\frac{a}{1}$ 47.

Traduit en portugais, en 1862, par Ant. Jos. de Figueiredo, qui le publia, en articles, dans l'*Archivo pittoresco* (Sommervogel).

— Nota bibliográfica sobre un libro impreso en Macao en 1590 por José Toribio Medina. Sevilla, Imprenta de E. Rasco, Bustos Tavera, núm. 1, m dccc xcv, br. in-4°, p. 15.

Tirada de cien ejemplares.

Cette plaquette a pour but de prouver que le livre du P. de Sande n'est *pas le premier imprimé à Macao.*

J'ai donné, p. 8, de mes *Fragments d'une histoire des Études chinoises au xviii° siècle...* Extrait du *Centenaire de l'École des langues orientales vivantes,* Paris, Imprimerie nationale, m dccc xcv, gr. in-4°, un fac-similé de l'ouvrage du P. de Sande, d'après l'exemplaire du British Museum. On le retrouvera ici.

LXII. Schall von Bell (Johann Adam), 湯若望 *T'ang Jo-wang,* S. J.

Né en 1591 à Cologne; arrivé en Chine en 1622; † à Pé-King le 15 août 1666 ou 1669.

Le Rév. P. J. Brucker écrit dans les *Études,* 5 juillet 1901, p. 62 : «La date de sa mort [du P. Schall], pour laquelle le P. Huonder, après d'autres, hésite entre 1665, 1666, 1669, est bien certainement 1666, 15 août : c'est la date donnée par le P. Greslon (*Histoire de la Chine sous la domination des Tartares,* Paris, 1681, p. 322. L'auteur était alors missionnaire en Chine), et elle est confirmée par les deux pièces que publie le P. Duhr [*Jesuiten-Fabeln,* 3° éd., Fribourg-en-Brisgau, Herder, 1899, 3° éd.], bien que celles-ci ne soient pas explicitement datées».

«Ce père, bien connu en Chine, dit le P. Foureau, a composé vingt-cinq ouvrages différents, la plupart sur les mathématiques et quelques-uns sur la religion.»

268—1. 崇禎曆書

Tsoung tchin li chou. — Sur les étoiles.

N. F. Chinois 2906.

269—2. 民曆鋪註解惑

Min li pou tchou kiai houo. — Réponses à des doutes posés à propos des Éphémérides.

N. F. Chinois 3026 et 3027.

270—3. 主制群徵

Tchou tchi k'iun tcheng. — Preuve que toutes choses sont dirigées par Dieu.

Fourmont CCXIII. — N. F. Chinois 3200 et 3201. — Courant, 3417.

271—4. 主教緣起

Tchou Kiao youen k'i. — De l'origine de la religion chrétienne.

Fourmont CCXX. — N. F. Chinois 3195.

272—5. 遠鏡說

Youen king chouo. — Des lunettes d'approche.

Fourmont CCCXLIX. — N. F. Chinois 3382 et 3383.

273—6. 進呈書像

Tsin tch'eng chou siang, 1 k. — Livre d'image (du Sauveur) offerte à l'Empereur.

274—7. 渾天儀說

Houen t'ien i chouo, 5 k. — Couplet traduit : De la construction et de l'usage de la sphère céleste et terrestre.

275—8. 眞福訓詮

Tchen fou hiun ts'iuen. — Instruction sur le vrai bonheur.

276—9. 古今交日考

Kou-kin kiao ji k'ao, 1 k. — Examen des éclipses solaires anciennes et modernes.

277—10. 西洋測日曆

Si yang tché ji li. — Calcul du calendrier par la méthode européenne.

278—11. 星圖

Sing-t'ou. — Carte des étoiles (en 8 feuilles pour les 2 hémisphères).

279—12. 交食曆指

Kiao che li tchi, 7 k. — Théorie des éclipses.

280—13. 交食表

Kiao che piao, 9 k. — Tables des éclipses.

281–14. 恒星曆指

Heng sing li tchi, 4 k. — Théorie des étoiles fixes.

282–15. 恒星表

Heng sing piao, 5 k. — Tables des étoiles fixes.

283–16. 共譯各圖八線表

Kong i ko t'ou pa sien piao, 1 k. — Tables trigonométriques.

284–17. 恒星出沒

Heng sing tch'ou mou, 2 k. — Lever et coucher des étoiles fixes.

285–18. 學曆小辯

Hio li siao pien, 1 k. — Courte explication pour l'intelligence du calendrier.

286–19. 測食畧

Tché che lio, 2 k. — Abrégé du calcul des éclipses.

287–20. 測天約說

Tché t'ien yo chouo.

Voir Terenz, n° 303.

288–21. 大測

Ta-tché.

Voir Terenz, n° 306.

289–22. 奏疏

Tseou chou, 4 k. — Mémoires adressés au Trône et aux Ministères, sous Chouen-Tché.

N. F. Chinois 2094. — Courant, 1326.

290–23. 新曆曉或

Sin li hiao houei, 1 k. — Réponse à des doutes au sujet des éphémérides du nouveau calendrier. (Schall était accusé de coopérer à l'élection superstitieuse des jours fastes et néfastes.)

291–24. 新法曆引

Sin fa li yn, 1 k. — Introduction à la nouvelle méthode.

292–25. 曆法西傳

Li fa si tchouan, 1 k. — Histoire de l'Astronomie en Occident.

293–26. 新法表異

Sin fa piao i, 2 k. — Différence de la nouvelle méthode (et de la méthode chinoise).

∴

294–27. 敕諭

Tch'i yu. — Décrets impériaux.

Trois Décrets en l'honneur du P. Schall (Empereur Chouen-Tché, 1651).

Grand in-8° de 18 ff., imp. en caractères rouges dans un encadrement de dragons de même couleur.

N. F. Chinois 3464. — Courant, 1324.

295–28. 壽文

Cheou wen. — Pièces en prose et en vers en l'honneur du P. Schall.

N. F. Chinois 2770. — Courant, 1325.

LXIII. **Seixas (João de)**, 林德瑤 *Lin Té-yao*, S. J.

Né à Lisbonne le 15 août 1710; arrivé en Chine en 1742; † à Pé-king le 25 janvier 1785.

296–1. 照永神鏡

Tchao yong chin king. — Miroir de l'Éternité.

LXIV. **Semedo (Alvaro)**, 魯德照 *Lou Té-tchao*, S. J.

Né en 1585 à Nizza, diocèse de Portalegre; arrivé en Chine en 1613; † à Macao le 6 mai 1658.

297–1. 字考

Tseu k'ao. — (Deux) Vocabulaires.

Couplet les donne comme attendant l'impression.

LXV. **Silva (Antonio de)**, 林安多 *Lin Ngan-to*, S. J.

Né au Portugal le 13 janvier 1654; arrivé en Chine en 1695; évêque de Nan-king, 1707.

298–1. 崇修精蘊

Tch'oung sieou tsing yun. — Moyens pour la réformation des mœurs.

Traduction du livre italien du P. Cataneo sur les Exercices spirituels faits vers 1700. — Imprimé à Tou-sè-wei en 1893.

LXVI. **Soerio (João)**, 蘇如漢 *Sou Jou-han*, S. J.

Né à Montemayor, diocèse de Coimbre, Portugal, en 1566; arrivé en Chine en 1595; † à Macao en août 1607.

299–1. 聖教約言

Cheng-Kiao yo yen. — Courte dissertation sur la religion chrétienne.

Fourmont CLXXV. — N. F. Chinois 2840, 2841, 2842; éd. diff.; ce dernier ex. est celui du P. Daniel Papebroch; 3266 et 3267. — Réimp. en 1871 en un vol. in-8°.

LXVII. **Tellez (Manoel)**, 德瑪諾 *Té Ma-no*, S. J.

Né au Portugal le 25 mai 1676; arrivé en Chine en 1704; † à Jao-tcheou en 1723; le *Cat. Patrum* donne *Lei-chou* comme lieu de sa sépulture?

300–1. 顯相十五端玫瑰經

Hien siang che ou touan mei kouei king. — Images et prières du Rosaire.

LXVIII. **Terenz (Jean)**, 鄧玉函 *Teng Yu-han*, S. J.

Né en Suisse en 1576; arrivé en Chine en 1621; † à Pé-king le 11 mai ou le 13 mars 1630.

TERENZ est une retraduction de *Terentius*, lui-même la traduction du vrai nom de ce missionnaire SCHRECK.

301—1. 遠西奇器圖說錄

Youen si k'i k'i t'ou chouo lou. — Mémoires sur les instruments (mécaniques) des Européens.

N. F. Chinois 3384. — Voir n° 307.

302—2. 人身說槩

Jen chin chouo kai. — Du corps humain.

N. F. Chinois 2934 et 2936; ces deux ex. sont ms.

303—3. 測天約說

Tché t'ien yo chouo, 2 k. — Abrégé des mesures du Ciel.

Voir Schall, n° 287.

304—4. 黃赤距度表

Houang tch'i kiu tou piao, 2 k. — Tables des différences de l'écliptique et de l'équateur.

305—5. 正球升度表

Tcheng k'ieou cheng tou piao. — Tables des degrés de la sphère.

306—6. 大測

Ta-tché, 2 k. — Trigonométrie.

Voir Schall, n° 288.

307—7. 諸器圖說

Tchou k'i t'ou chouo. — Explications sur des figures d'instruments.

LXIX. **Trigault (Nicolas)**, 金尼閣 *Kin Ni-ko*, S. J.

Né à Douai le 3 mars 1577; arrivé en Chine en 1610; † à Hang tcheou le 14 novembre 1628.

308—1. 宗徒禱文

Tsoung tou tao wen. — Litanies.

N. F. Chinois 3345.

309—2. 西儒耳目資

Si jou eul mou tse. — Dictionnaire de la prononciation chinoise et européenne.

N. F. Chinois 3087 et 3088.

«Cet ouvrage n'est pas moins remarquable par la singularité de son exécution typographique, que par la manière, souvent ingénieuse, dont les caractères chinois ont été ramenés à l'ordre des éléments de notre écriture; au reste, c'est plutôt un syllabaire qu'un vocabulaire... [Ce] livre a été publié la 6e année *Thian khi* (1626)». *Cat.* Klaproth, II, 192.

310—3. 况義

Houang i. — Fables choisies d'Ésope.

N. F. Chinois 2922 et 2923; ces deux ex. sont ms. — Trad. de Trigault; avec préface de Sie Meou-ming; le 2923 contient une série d'apologues, dont le premier est intitulé l'*Ours*, 8 ff. mss.

Les fables d'Ésope ont été depuis traduites en chinois par Robert Thom :

意拾喻言

Esop's Fables, written in Chinese by the learned Mun Mooy seen-shang, and compiled in their present form (With a free and literal translation) by his pupil Sloth. [R. Thom.]... *Printed at the Canton Press Office*, 1840, pet. in-fol., p. xxi + 1 f. n. c. + p. iv-104.

Notice : *Chin. Rep.*, IX, p. 201 et suiv. (by E. C. Bridgman).

British Museum, 826, k., 23.

*Esop's Fables; as translated into Chinese by R. Thom. Esqr. rendered into the Colloquial of the Dialects spoken in the Department of Chiang-chiú, in the province of Hok-kien : and in the department of Tie-chiú, in the province of Canton. Part first. — *Hok-kien*, in-8°, p. ii-39-40. *Singapore*, 1843.

« The first part of this work, in the Hok-kien (or Fuh-keen) dialect, is the joint production of Messrs. S. Dyer and J. Stronach; the second, in the Tie-chiu dialect, is entirely the work of Mr. Stronach. » (*Mem. of Prot. Miss.*, p. 106.)

Les Fables d'Ésope avaient été traduites en japonais et imprimées en 1593 au Collège Amacusa, des Jésuites. Cf. E. M. Satow, *Jesuit Mission Press in Japan*, p. 12.

311—4. 推曆年瞻禮法

Tchouci li nien tchan li fa, 1 k. — Méthode pour distribuer les « Fêtes de l'année suivant le Calendrier ».

LXX. **Tudeschini (Augustin)**, 杜奧定 *Tou Ngao-ting*, S. J.

Né à Sarzana, État de Gênes, en 1598; arrivé en Chine en 1631; † à Fou-tcheou en 1643.

312—1. 渡海苦蹟紀

Kou haï k'ou tsi ki. — Récit des tribulations d'une traversée maritime.

On attribue le même ouvrage au P. Ét. Le Fèvre (Sommervogel).

313—2. 杜奧定先生東來 渡海苦跡

Tou 'Ao-ting sien-cheng toung lai tou haï k'ou tsi. — Vie du P. Augustin Tudeschini, par le P. Étienne le Fèvre.

Pet. in-8°, ms.

N. F. Chinois 3309. — Courant, 1021.

LXXI. **Ursis (Sabatthinus de)**, 熊三拔 *Hiong San-pa*, S. J.

Né à Lecce en 1575; arrivé en Chine en 1606; † à Macao le 3 mai 1620.

314—1. 泰西水法

T'ai si choui fa. — Sur les machines hydrauliques.

N. F. Chinois 3209.

Il fait partie du grand ouvrage publié par Siu Kouang-k'i en 60 vol. et imprimé en 1640, par ordre de l'empereur, sous le titre de *Hong cheng ts'iuen chou* [Thesaurus Agriculturae] (Sommervogel).

315—2. 表 度 說

Piao tou chouo. — Gnomonique.

N. F. Chinois 3053.

316—3. 簡 平 儀

Kien p'ing i. — (Description d'un) instrument de projection orthographique.

« Written by Sabatin de Ursis, in 1611. This is a description of an astronomical instrument, giving an orthographic representation of the heavens, which combines the uses of a quadrant, meridian zenith and azimuth instruments, sun dial, and other things, all which is minutely explained, the whole being based on a tacit admission of the Ptolemaic theory. There is a preface by Seu Kwang-k'è.» (Wylie, p. 87.)

LXXII. Vagnoni (Alfonso), 高 一 志 *Kao I-tche*, S. J.

Né en 1566 à Trufarello, dioc. de Turin; arrivé en Chine en 1605; † à Kiang-tchéou le 19 avril 1640.

317—1. 則 聖 十 篇

Tse cheng che p'ien. — Imitation des Saints.

N. F. Chinois 3334.

318—2. 齊 家 西 學

Ts'i kia si hio. — De la vraie institution de la famille chez les Européens.

N. F. Chinois 3315. — Courant, 3398.

319—3. 天 主 聖 敎 聖 人 行 實

T'ien-tchou cheng-Kiao Cheng-Jen hing che. — Vie des Saints, 7 vol. : I. De Apostolis; II. De Pontificibus Sanctis; III. De Martyribus; IV. De Confessoribus; V. De Eremitis; VI. De Virginibus; VII. De Viduis.

Le premier vol. a été réimprimé à Tou-sè-wè en 1888 et forme le vol. 7 (*Vitae apostolorum*) de la collection 道 原 精 萃 *Tao youen tsing ts'ouei* (*Selecta doctrinarum fundamentalium collectio*) en huit vol. in-4°, offerte à Léon XIII.

Fourmont CLXIX. — N. F. Chinois 2793. Incomplet.

320—4. 達 道 紀 言

Ta tao ki yen. — Recueil des instructions.

Avec la collaboration de Han Yun, surnom King-po, de Tsin, qui a écrit la préface (1636). N. F. Chinois 3134. — Courant, 3395.

321—5. 四 末 論

Se mo louen. — Quatre choses les plus nouvelles (les quatre fins de l'homme).

N. F. Chinois 3116.

322—6. 脩 身 西 學

Sieou chen si hio. — De la bonne direction de soi-même, suivant la doctrine européenne.

N. F. Chinois 3091 et 3092. — Courant, 3396-7.

323—7. 譬 學

Pi hio.

N. F. Chinois 3050.

324—8. 勵學古言

Li hio kou yen.

Introduction (163a).
N. F. Chinois 2994. — Courant, 3393.

325—9. 敎要解畧

Kiao yao kiai lio. — Explication du catéchisme.

N. F. Chinois 2965 et 2966.

326—10. 聖敎解畧

Cheng-Kiao kiai lio. — Courte explication de la doctrine chrétienne.

Réimp. en 1869 en un vol. in-8°. *Cat.* n° 82.

327—11. 寰宇始末

Houan yu che mo.

N. F. Chinois 2921.

328—12. 聖母行實

Cheng-Mou hing che. — Vie de la B. Vierge Marie.

Fourmont CCLXXI. — N. F. Chinois 2861, 2862, 2863. — Réimp. en 1798 en un vol. in-8°. École L. O. V., Z. VI, 37, 1 *peun.*

Traduit en coréen, *Syeng mo hăing sil, Bibl. coréenne,* 2717.

329—13. 神鬼眞紀

Chin kouei tchen ki. — Sur les Esprits.

N. F. Chinois 2784.

330—14. 十慰

Che ouei. — Les dix Consolations.

N. F. Chinois 2779 et 2780; éditions différentes. — Fourmont CCV. — Courant, 3399.

331—15. 天主聖敎聖人行實

T'ien-tchou cheng-Kiao Cheng-Jen hing che.

Cat. Fourmont CLXIX.

332—16. 童幼敎育

T'ong yeou kiao yo. — De l'éducation des enfants.

Fourmont CCXIX. — N. F. Chinois 3307. — Courant, 3392.

Cet ouvrage se compose de 20 chapitres, et non pas de 21, comme l'imprime Fourmont.

333—17. 空際格致

K'ong tsi ko tchi. — Météores.

«Treatise on the chemical composition of the Universe; containing the author's ideas on the various celestial and terrestrial phenomena.» (Wylie, p. 140.)

2 vol. N. F. Chinois 2955.

334—18. 西學治平

Si hio tche p'ing. — De la réforme de soi-même, d'après les principes d'Occident.

335—19. 斐錄彙答

Fei lou wei ta, 2 k. — Couplet traduit : Questions philosophiques.

Courant, 3394.

336—20. 推驗正道論

Tch'ouei yen tcheng tao louen. — Connaissance et pratique de la vraie voie.

Ms. à Zi Ka-wei.

LXXIII. Varo (Francisco), *Vang;* 萬濟國 *WanTsi-Kouo?*

De l'ordre de St. Dominique; arrivé en Chine en 1654.

<table>
<tr><td>

337—1.

Arte ‖ de la Lengva‖ Mandarina ‖ cómpuesto por el M, R°, ‖ P°, fr. Francisco Varo de la sa‖grada Or- den de N, P, S, Domi‖go, acrecen-

</td><td>

tado, y reducido a ‖ mejor forma, por N°, H°, fr. Pedro de ‖ la Pi- ñuela P°r. y Comissario Pror, ‖ de la Mission Serafica de China. ‖ Aña- diose un ‖ Confesionario muy vtil. y ‖ provechoso para alivio ‖ de los

</td></tr>
</table>

nueos Ministros. ‖ Impreso en Canton año ‖ de 1703.

Cahier chinois gr. in-8°. Collation : 1ᵉʳ feuillet, verso : titre *ut supra* encadré ; la date de
l'impression est hors du cadre ; — 3 feuillets
doubles chinois numérotés en chinois sur la
tranche et avec des astérisques, *, **, ***, au
bas des pages : *Prologo* ; — 50 feuillets doubles
numérotés en chinois sur la tranche ; les pages

> 2. ſtro puede aprenderle, ſera mui bueno, porqᵉ oiendole el
> chino letrado, conçibira al Religioſo ſer hombre doſto,
> pues le habla con elegançia; mas eſte modo para noſotros
> es dificultoſiſſimo para la praſtica, por las circunſtançias,
> qᵉ cadauno con el tiempo experimentara. El 2do modo
> es un medio, qᵉ le entiende la maior parte, y ſe uſa con algu-
> nos complexos, aunqᵉ no en los terminos, qᵉ ex vi narrati-
> onis se entienden, y en el ſe uſan algunos terminos de le-
> tra elegantes, qᵉ aunqᵉ tales ſe entienden ; eſte modo es mui
> neceſſario de aprender, para quando ſe predica la palabra
> de Dios, aſſi àlos Chriſtianos como à los Gentiles; pues no
> les canſando por toſco le oien con guſto, y ſiendo claro pe-
> netran la razon de la doſtrina, qᵉ ſe les predica. El ter-
> çer modo, es toſco y groſero, y es para predicar à las mu-
> geres, y aldeanos ; eſte modo por ſer el infimo es el que ſe
> aprende con menos dificultad, y el por donde comenza-
> mos à hablar.
>
> 2º Para qᵉ ſe vean en praſtica eſtos dos modos de ha-
> blar, (dexo à parte el primero) pondre exemplo de ellos
> en una oraçion. El qᵉ quiſiere ſubir à el çielo, le convie-
> ne obrar la virtud, y de no, ſeguro qᵉ no lo conſeguira :
> 2º modo : iŏ xīng tiēn chè, kŏ hīng chīn xén lú, jŏ pŏ jén
> kŷ tĕ tab. 3º modo. Tań fań jin láo xīng tiēn, kāi tāng
> ġŏei xén, jŏ pŏ ġŏei xén, çhù jén pŏ hóei xīng tiēn.. En
> eſta miſma oraçion dicha por los dos modos, ſe ue clara-
> mᵗᵉ la differençia : en el primᵒ ſe uſa del iŏ, y del chè, qué
> es claro y elegante modo, y qualquiera medianamᵗᵉ en-
> tendido, o que hable razonablemᵗᵉ lo entendera : en el
> 2do ſe uſa del tań fań, con el láo, que es lo mas baxo,
> y lo entendera qualquier muger, ò aldeano, qᵉ penetre
> ò ſepa alguna coſa de la lengua mandarina. En el 1º
> ſe uſa del kŏ, y del chī, y de hí, que es elegante y intel
> ligibile : en el 2º del kāi tāng por conviene; del tiĕ, y
> del hí, que es lo mas baxo. &c.
>
> Adver,

sont numérotées en chiffres arabes depuis 1
jusqu'à 99, le verso du feuillet 50 étant blanc ;
elles comprennent la grammaire en espagnol ;
— le 20ᵉ feuillet est chiffré par erreur $\overline{\overline{\dashv}}$ au
lieu de $\overline{\overline{\dashv}}$; nous donnons la p. 2 (verso du feuillet 1) de la *Grammaire*. — 10 feuillets doubles
numérotés en chinois sur la tranche et en chiffres
arabes au haut du recto de chaque feuillet ; elles

comprennent : Brevis Methodvs-‖confessionis in-‖stitvendae. ‖ Non solum Confessarijs, ad linguam erudien-‖dam utilis; sed & necessaria; praesertim ‖ noviter intrantibus; ut eo citius ‖ Poenitenciae Sacramentum ad-‖ministrare possint. ‖ Composita à R° P. Basilio à Glemona Vi-cario ‖ Apostolico Provinciae Xèn si, Ord. Minor. Refor.

Nous reproduisons la dernière page qui termine : *Exhortacion* ‖ *Para hazer un acto de Contricion*, commencé à la page précédente.

tuing hoèi, kiù ý tíng kài, nîng çù çhái pŏ kàn fán çhúi, kièu chù poèi xcù nan kung làô kuon xe gò çhúi; kièu chù xíng ièu, ý çhái pŏ fan çhúi. kièu chù kiáng xin tiè, ý nèng pù çhièn tèù tiè çhúi.

En tout 64 feuillets doubles. — Le 5ᵉ feuillet de la grammaire est broché à l'envers.

L'ex. que nous avons examiné est celui de M. Thonnelier. Renfermé dans une boîte-livre demi-maroquin rouge, il paraît être, sinon le seul, du moins l'un des deux ex. de la grammaire de Varo qui ait paru dans les ventes depuis un siècle. Son histoire mérite donc d'être retracée, car, la bibliothèque de son possesseur défunt ayant été dispersée sous le feu des enchères, nous espérions qu'il terminerait enfin ses pérégrinations en entrant soit à la Bibliothèque nationale, soit au British Museum, où il ne se trouvait pas alors. Il n'en a rien été malheureusement. Le propriétaire le plus ancien a tracé son nom «Philippi Telli» sur le frontispice (verso du 1ᵉʳ feuillet). Ce Telli était un musicien italien (laïque) appelé en chinois *Té*, envoyé en Chine en 1720 par la Propagande. Dans son ouvrage *De studiis sinicis*, p. 22, Montucci dit qu'il possède un ex. de cette grammaire; notre ex. paraît être le sien, car sur la couverture on lit : «Emptum à Dom. A. Montucci, H. J. v. Klaproth, Berolini, 23. Feb.

1812». D'autre part, l'ex. ne figure pas au catalogue des livres de Klaproth (Paris, 1839), et il porte sur le frontispice également le cachet chinois rouge d'Abel-Rémusat; il y a donc lieu de supposer que l'ex. de Montucci acheté par Klaproth aura été cédé ou donné par ce dernier à Rémusat. Il n'est pas marqué non plus dans le catalogue de vente de Rémusat (1833), où l'on ne trouve qu'une copie (n° 476) vendue 32 francs. Dans le catalogue de Landresse (1862), on le retrouve au n° 239; la description de la reliure demi-mar. rouge dans un étui ne saurait laisser subsister aucun doute à cet égard. Landresse avait collaboré au Catalogue de la Bibliothèque de Rémusat (*Avert.*, p. 4); il était élève de ce sinologue, dont il publia après la mort le *Foe koue-ki* (avec Klaproth); il est donc permis de supposer que l'ex. passa directement de la collection de Rémusat dans celle de Landresse. De celle de Landresse, il est allé à M. F. Villot, qui a écrit une longue notice historique au verso de la couverture le 23 octobre 1863, et des mains duquel il passa, par l'intermédiaire d'un libraire de Paris, entre les mains de M. Thonnelier. Il a été revendu à la vente de ce savant (1522) au libraire dont nous venons de parler, M. Maisonneuve, de Paris, pour 615 francs. Ce livre, remis en vente par M. M. pour 1,500 fr., a été acheté, en 1884, par M. le Dr Julius Platzmann, de Leipzig, qui a fait en même temps à la même librairie, pour 80 francs, l'acquisition de la copie de l'ouvrage faite pour Abel Rémusat (vide infra).

M. Charles Leclerc, de la librairie Maisonneuve, avait fait reproduire le titre de cet exemplaire; nous avons placé ce fac-similé en tête de notre mémoire :

La Grammaire chinoise du P. Francisco Varo. Par Henri Cordier. Paris, Maisonneuve et Charles Leclerc, 1887, br. in-8°, p. 11, 1 pl.

Tirage à part des *Mémoires de la Société sinico-japonaise*, etc., VI, avril 1887, p. 117-125.

D'autres exemplaires de cette grammaire ont été connus, mais il nous a été impossible de suivre la trace de tous :

1° Ainsi Fourmont, qui s'est largement servi de la grammaire de Varo pour son propre ouvrage, et lui a consacré une longue notice (*Grammatica duplex*, 1742, p. xxvj-xxx); mais l'ex. qu'il a eu entre les mains n'est pas le nôtre, car nous lisons après le titre espagnol de l'*Arte de la Lengua Mandarina*, dans la *Grammatica duplex*, p. xxvij : «In quo etiam ad marginem inveni, sed manuscriptum. *Ad usum R. P. Johannis. P. ab ilice, Mission. Ordinis Minorum Sancti Francisci*», indication qui ne se retrouve pas dans notre exemplaire. Le paragraphe suivant de la *Grammatica* nous apprend que Fourmont avait eu le sien du R. P. Eustache (Augustin), qui l'avait apporté de Rome.

2° Neumann écrit dans une note de la Préface de son *Catechism of the Shamans*, 1831, p. XII : «Only three copies are known of this great literary curiosity; one is in Rome, one in Paris, and one is now in my possession».

L'exemplaire de la grammaire de Varo appartenant jadis à Neumann se trouve maintenant à la Bibliothèque royale de Munich, L. As. 279, 4°. Il est relié en demi-veau; le titre est recollé sur une feuille de papier blanc et l'ex. est piqué des vers, incomplet de plusieurs feuillets, remplacés en manuscrit. On a relié avec et en tête un article de Neumann sur les *Desultory Notes* de Meadows, extrait des *Gelehrte Anzeigen her. v. Mitgl. d. k. Bay. Ak. d. Wis.*, et une lettre autographe de Neumann, de Munich, oct. 1849.

3° A la vente de la Bibliothèque de M. De Guignes (1845), un ex. *imprimé* a été vendu 50 francs (n° 501). Nous ne croyons pas qu'il soit celui de Rémusat et qu'il ait passé à Landresse par l'intermédiaire de De Guignes. Il est broché comme le nôtre, mais l'étui de demi-maroquin rouge dont celui-ci est revêtu et qui paraît semblable à celui d'une copie de cette grammaire dont nous parlerons plus loin, doit être de l'époque de la Restauration. Il n'est donc guère permis de croire que l'ex. de De Guignes sans étui serait passé à Landresse, qui l'aurait fait enfermer dans cet étui. Il est plus probable que De Guignes, qui avait visité Péking avec une ambassade hollandaise et avait été consul de France à Canton, aura rapporté son ex. de Chine.

4° L'université de Kazan possède un exemplaire de la grammaire de Varo dans sa Bibliothèque; le titre manque, mais on en voit les traces; le traité du P. Basile se trouve également à la fin. Cet exemplaire a été rapporté de Pé-king par le professeur Kovalevsky, qui l'a cédé à la Bibliothèque de l'Université pour 10 roubles ass.

5° L'exemplaire de la bibliothèque Sunderland, relié en maroquin vert par Zaehnsdorf, acheté par Bernard Quaritch, et remis en vente par ce libraire de Londres (Cat. 368, May 1886, n° 35.462) au prix de 36 liv. ster.

6° Outre son ex. imprimé de la grammaire de Varo, Rémusat en possédait également une copie manuscrite avec une d.-rel., dos de mar. r., fil. qui a figuré au catalogue de la vente de ses livres (n° 476, vendu 32 francs). Cette copie a depuis appartenu à Landresse (n° 240 du Cat. de ses livres), à la vente duquel elle fut achetée en même temps que l'ex. imprimé, par M. Villot.

7° Nous trouvons également au Cat. de Langlès, 1825, n° 1058, un vol. intitulé : « Arte de lengua mandarina. Addicion al arte de lengua mandarina », vendu 47 francs. La note ajoutée à cette description : « Ms. pet. in-4°, sur beau papier de Chine, qui paraît avoir été composé par quelque missionnaire jésuite », semblerait indiquer que ce manuscrit ne portait pas de nom d'auteur. C'est peut-être néanmoins une copie de la grammaire de Varo.

8° Nous avons vu jadis, dans la bibliothèque des PP. Jésuites à Zi Ka-wei, un vol. in-24, que nous n'avons pu retrouver depuis, intitulé :
— Grammatica linguae Sinensis Auctoribus PP. Varo et De Cremona ex Hispanico in Latinum idioma translata et aucta, Neapoli, 1835. Lithographice impressa.

9° La Bibliothèque nationale de Paris possède un exemplaire de la Grammaire de Varo, qu'elle a acheté (Acquisitions, n° 141.905) en 1894, pour 900 francs, de M. Paul Sicre, contrôleur des Contributions directes. Il porte la cote : Réserve, p. X. 156; il est relié en chagrin bleu plein avec deux fermoirs; les feuillets du prologue ont été coupés et recollés, en sorte que les chiffres chinois de la tranche ont disparu; le titre est remonté. Je ne connais pas la provenance de cet ex., qui n'est sûrement pas celui de Thonnelier.

Chose curieuse, les PP. Quétif et Echard ne parlent pas de la grammaire de Varo.

338—2. 聖敎明證

Cheng-Kiao ming tchang. — Preuves de la religion.

LXXIV. **Verbiest (Ferdinand)**, 南懷仁 *Nan Houai-jen*, S. J.

Né à Pitthem, près de Courtrai, le 9 octobre 1623; arrivé en Chine en 1659: † à Péking le 29 (Sommervogel dit le 27) janvier 1688.

Voir : Gouvea (Antonio de); Pereyra (Thomas).

339—1.

Astronomia Europea sub Imperatore Tartaro-Sinico Cam Hy appellato ex vmbra in lucem reuocata a P. Ferdinando Verbiest Flandro-Belga Brugensi e Societate Jesu Academiae Astronomicae in Regia Pekinensi Praefecto Anno Salutis M.DCLXVIII.

In-folio, autographié sur papier plié en double à la manière chinoise; 6 feuillets sans le titre; contient le : Liber organicus Astronomiae europeae apud Sinas restitutae. Suivi de :

340—2.

Compendium latinum proponens XII posteriores figuras libri obseruationum nec non priores VII figuras Libri organici. 3 feuillets s. l. tit., et 12 feuillets simples de figures.

Abrégé du

— Liber Organicus Astronomiae Europeae apud Sinas restitutae sub Imperatore sino-tartarico Cam-Hy appellato, auctore P. Ferdinando

Verbiest, Flandro belga Brugensi e Societate Jesu, academiae astronomicae in regia Pekinensi praefecto, Anno salutis 1668. In-fol. Fig. Sur Pap. de Chine, feuillets doubles.

Plusieurs exemplaires à la Bibliothèque nationale.

341—3.

Typús eclipsis lūnae, ‖ Anno Christi 1671, ‖ Imperatoris Căm Hȳ ‖ decimo, die XV^{to} Lunae ii^{ae}, ‖ id est, die XXV^{to} Martj; ‖ ad meridianūm Peki‖nensem; nec non ima‖go adúmbrata diuerso‖rum digitorúm in ho‖rizonte obseruatorum, ‖ in singulis Imperij Sinen‖sis provincijs, tempore quo ‖ luna in singulis oritur. ‖ Auctore P. Ferdinando ‖ Verbiest Societ^{is}. Jesu, ‖ in Regia Pekinensi, ‖ Astronomiae praefecto.

En chinois et en mandchou avec le titre latin imprimé avec des caractères en bois.
British Museum, 15255, d, 17.

342—4. 妄推吉凶辨

Wang tchoui ki hiong pien. — Réfutation de Yang Kouang-sien.

Fourmont CCLVII. — N. F. Chinois 3363.
Voir le *Pou té i pien,* de Buglio, n° 56, et le n° 350.

343—5. 熙朝定案

Hi tchao ting ngan.

N. F. Chinois 2907 et 2908. — Courant, 1329-31.

344—6. 驗氣圖說

Yen k'i t'ou chouo. — Sur l'emploi du thermomètre.

N. F. Chinois 3039 et 3040; plaquette de 5 feuillets.

345—7. 坤輿國說

Kouen yu tou chouo. — Cosmographie.

Par le P. Verbiest et le P. Aleni.
N. F. Chinois 2956, 4822 et 4823. — Courant, 1526.
Dans le dernier vol., des grav. sur bois représentent les merveilles du monde : Colosse de Rhodes, Pyramides, etc.

346—8. 告解原義

Kao kiai youen i. — Du sacrement de la Pénitence.

N. F. Chinois 2945 et 2946.

347—9. 善惡報畧說

Chen ngo pao lio chouo. — Court traité de la rémunération du bien et du mal.

N. F. Chinois 2755 et 2756. — Réimp. en 1869 en un vol in-8°.

348—10. 聖體答疑

Cheng t'i ta i. — Réponses aux doutes sur l'Eucharistie.

N. F. Chinois 2893 et 2894. — Réimp. en 1849. — École L. O. V., Mél. 4°, 159.

349—11. 教要序論

Kiao yao siu louen. — Explication méthodique de ce qu'il y a d'essentiel dans la religion.

Publié en 1677.
Fourmont CCLXII. — N. F. Chinois 2967 et 2968. — B. M., p. 160; 15116, d, 24. — École L. O. V., P. viii, 57. — Réimp. en 1848 et en 1867 en un vol. in-8°. — Ce livre a été

publié en un vol. in -12 en 1886, sous le titre de 教要芻言 *Kiao yao tch'ou yen* «versus in linguam mandarinicam».

Il a été traduit en coréen, *Kyo yo sye ron*, et le ms. se trouve aux Missions étrangères de Séoul. Cf. *Bibl. coréenne*, par Courant, n° 2693.

350—12. 不得已辯

Pou té i pien.

N. F. Chinois 3069 et 3071.
Voir n° 56.

351—13. 儀象志

I siang tche, 14 k. — Théorie, usage et construction des instruments d'astronomie et de mécanique.

352—14. 儀象圖

I siang t'ou, 2 k. — Images desdits (97) instruments.

353—15. 康熙永年曆法

K'ang-hi yong nien li fa, 32 k. — Astronomie perpétuelle de l'Empereur K'ang-hi. Les tables sont calculées pour 2000 ans.

354—16. 測驗紀畧

Tché yen ki lio, 1 k. — Abrégé d'observations astronomiques.

355—17. 坤輿全圖

K'ouen yu ts'iuen t'ou. — Mappemonde.

Chaque hémisphère a 5 pieds de diamètre. La rue de Sèvres, 35, en possède un exemplaire. — La Bibl. nat. en a plusieurs, tant à la section des manuscrits qu'à celle des cartes; cf. Courant, 1914-1924.

356—18. 簡平規總星圖

Kien p'ing kouei tsong sing t'ou. — Carte générale des étoiles.

357—19. 赤道南北星圖

Tch'i tao nan pe sing t'ou. — Carte des étoiles au N. et au S. de l'Équateur.

358—20. 妄占辯

Wang tchan pien, 1 k. — Discussion contre les Sorts.

359—21. 預推紀驗

Yu tch'ouei ki yen, 1 k. — Prédiction de phénomènes.

360—22. 形性理推

Hing sing li tch'ouei, 5 k. — Physique.

361—23. 光向異驗理推

Kouang hiang i yen li tch'ouei, 1 k. — Traité des phénomènes de la lumière et du son. Optique et acoustique.

362—24. 理辯之引啓

Li pien tchi yn k'i, 2 k. — Éléments de logique.

363—25. 目司圖說

Mou sse t'ou chouo, 1 k. — Dissertation illustrée sur l'œil.

364—26. 理推各圖說

Li tch'ouei ko t'ou chouo, 1 k. —
Explication raisonnée des planches.
Probablement du *Liber organicus*.

365—27. 御覽簡平儀新
式用法

Yu lan kien p'ing i sin che yong
fa. — Pratique d'une nouvelle
méthode de projection à l'usage
de l'Empereur.

366—28. 進呈窮理學

Tsin tch'eng k'iong li hio. — Philosophie offerte à l'Empereur.

LXXV. **Wolfgang de la Nativité**, 那永福, *Na Yong-fou*.

Carme déchaussé.

367—1. 助終功用

Tchou tcheng kong yong. — Pour
aider à la bonne mort.

368—2. 聖衣會恩諭

Cheng i houci ngen yu. — Manuel de la Congrégation de N. D.
du Mont Carmel.

Imprimé en 1868 à Tou-sè-wè.

LXXVI. **Xavier (Saint François-de-Xavier)**, 方濟各 *Fang Tsi-ko*, S. J.

Né le 7 avril 1506 en Navarre; † à l'île de Sancian le 2 décembre 1552.

Une édition sans titre, lieu ni date, a été faite en Chine des lettres de ce saint. Nous ne
l'avons pas vue, mais le R. P. Pfister, S. J., nous donne la description suivante d'un exemplaire qu'il a eu entre les mains : «Si je ne me trompe, c'est une édition faite à Pé-king au
siècle dernier avec des planches gravées à la manière chinoise. Elle fourmille de fautes.
L'exemplaire que j'ai a 104-248 pages, plus une page qui semble écrite à la main. La
première page : *S. P. Francisci Xaverii Epistolarum Liber I. Epistola I* . . . Il y a 4 livres.
P. 246, *finis libri quarti*. Du livre V il n'y a que la première lettre qui est terminée, comme
je l'ai dit, par la page non chiffrée et d'une main différente. Il y a 2 paginations : la 1re de
1 à 104 pour le livre 1er; la 2e de 1 à 248 pour le reste. C'est un in-8° sans registre, ni
rappel. Chaque page est de 25 lignes.»

Voir CASTNER, n° 76.

LXXVII. **Divers.**

369. 聖教總讀

Cheng-Kiao tsong tou. — Recueil
de prières.

N. F. Chinois 2830.

370. 聖教約徵

Cheng-Kiao yo tching.

N. F. Chinois 2839.

371. 聖教撮要

Cheng-Kiao ts'ouo yao.

N. F. Chinois 2828.
Voir Ortiz, n° 174.

372. 聖教要訓

Cheng-Kiao yao hiun. — Catéchisme par un Franciscain.

N. F. Chinois 2833.

373. 聖人若瑟禱文

Cheng-jen Jo-che tao wen. — Litanies de saint Joseph.

N. F. Chinois 2794. — Voir n° 90.

374. 聖父方濟各行實

Cheng-fou Fang-tsi-ko hing che.
— Vie de saint François.

N. F. Chinois 2792 en 3 vol.

375. 聖方濟各第三會規

*Cheng Fang-tsi-ko ti san houei
kouei.* — Les règles du Tiers-
Ordre de saint François.

N. F. Chinois 2791; *manuscrit.*

376. 聖史

Cheng che. — Histoire des Mac-
chabées.

N. F. Chinois 2786; *manuscrit.*

377. 古新聖經問答

Kou sin Cheng-King wen ta. —
Dialogue sur l'ancien et le nouveau Testament, par un Jésuite.

Imprimé en 1868 à Tou-sè-wè.

378. 聖教撮要

Cheng-Kiao ts'ouo yao. — Som-
maire de la Doctrine chrétienne,
par un Prêtre de la Propagande.

Ms. à Zi Ka-wei.
Voir n° 371.

379. 聖女羅洒行實

Cheng-niu Louo-cha hing che. —
Vie de sainte Rose, par un Prêtre
de la Propagande.

380. 人類真安

Jen lei tchen ngan. — La vraie
paix des hommes, par un Domi-
nicain.

Ms. à Zi Ka-wei.

381. 七政列宿總綱

Tsi tcheng lié sou tsong kang. —
Catalogue des planètes et des
constellations, par un anonyme.

382. 日出時刻表

Ji tchou che k'o piao. — Tableau
du temps du lever du Soleil, par
un anonyme.

383. 格致奧畧

Ko tche ngao lio. — Précis de
philosophie, par un anonyme.

Ms. de Zi Ka-wei.

384. 慎思指南

Chen seu tchi-nan. — Méditations

de l'année (*litt.* Boussole de la Méditation), par un anonyme.

385. 天主教要

T'ien-tchou kiao yao. — Précis
de doctrine chrétienne, par un
anonyme.

386. 奉教原由

Tong kiao youen yeou. — Pourquoi il faut être chrétien, par un
anonyme.

387. 欽命傳教約述

K'in ming tch'ouan kiao yo chou.
— Bref récit de la Propagation
de la Religion, autorisée par l'Empereur, par un anonyme.

388. 經書精蘊

King chou tsing yun. — Extrait
des Classiques et des Canoniques
(sur *T'ien* et *Chang-Ti*), par un
anonyme.

389. 避靜神書導引

Pi tsing chin chou tao yn. — Directoire spirituel de retraite, par
un anonyme.

390. 天堂直路

T'ien-t'ang tchi lou. — Le vrai
chemin du Ciel, par un anonyme.

391. 默想指掌

Mé-siang tchi tchang. — Traité
de la Méditation, par un anonyme.
Voir n° 125.

392.

BREUIS RELATIO eorū, ‖ quae
spectant ad Declaratio‖nem Sinaru
Imperatoris ‖ Kam Hi ‖ circa Cœli,
Cumfucij, et Auorū ‖ cultú, datan
anno 1700. ‖ Accedunt Primatú,
Doctissimo‖rúq'. virorú, et anti-
quissimae Tra‖ditionis testimonia.
Operâ PP. Societ. Jesu Pekini pro
Euangelij propagatione laborantium. ‖ In-8°, de 61 feuillet,
doubles, pliés à la manière chinoise, numérotés avec des caractères chinois. — Imprimé avec
des caractères en bois.

Nous reproduisons ce titre.
On lit à la dernière page (verso du f. 61)
Cui Protestationi subscribimus Pekini 29 Julj
anni 1701. — Antonius Thomas vice Prouli
Sinensis. — Philippus Grimaldi Rector Peki-
nensis. — Thomas Pereyra. — Joannes Franc
Gerbillon. — Josephus Suarez. — Joachimu
Bouvet. — Kilianus Stumpf. — J. Baptist
Regis. — Ludovicus Pernoli. — Dominicus Par
renin. Omnes et Socte Jesu Sacerdotes.
Voir le fac-similé.
Bibl. nat., Fonds Chinois n° 925. — Vend.
Regnauld-Bretel, 60 fr.; Libri, *Choicer Portion*
n° 625, 1 liv. 2 s.
Cet ouvrage a été réimprimé en Europe, san
les caractères chinois et mandchous :

Brevis relatio eorum, ‖ quae
spectant ad declarationem ‖ sinarum imperatoris ‖ KAM-HI ‖ circa
Cœli, Cumfucii, ‖ et avorum cul
tum, ‖ Datam Anno 1700. ‖ Ac

edunt Primatùm, Doctissi-‖ mo- | Operâ P.P. Soc. Jesu, Pekini‖ pro
úmque Virorum, & Anti-‖quis- | Evangelij Propagatione ‖ Labo-
imae Traditionis Testimonia. ‖ | rantium. ‖ Juxta Exemplar im-

Breuis Relatio eorū, quæ spectant ad Declaratio-nem Sinarū Imperatoris Kam Hi circa Cœli, Cumfucij, et Aliorū cultū, datam anno 1700. Accedunt Primatū, Doctißimo-rūq̃ virorū, et antiquißimæ Traditionis testimonia. Operâ PP Societ. JEsu Pekini pro Euangelij propagatione laborantium.

ressum Cantone ex Peckinensi. ‖ | pis & Sumptibus Joannis Caspari
ermissu Superiorum. ‖ Augustae | Bencard, ‖ Bibliopolae. ‖ Anno
indelicorum, & Dilingae, ‖ Ty- | M DCC III, pet. in-8°, p. 85.

Le R. P. Sommervogel, VII, p. 1979, donne la note suivante : «Le P. Martinov, S. J., a vu, m'écrit-il en 1891, une traduction russe manuscrite de cet ouvrage, composée vers 1712. A la fin, on a ajouté une notice sur l'Empereur».

Cui Protestationi subscribimus. Pekini 29 Julij anni 1701.

Antonius Thomas vice R. P. Visitatoris Sinensis
Philippus Grimaldi Rector Pekinensis
Thomas Pereyra
Joannes Francus Gerbillon.
Josephus Suarez.
Joachimus Bouvet
Kilianus Stumpf.
J. Baptista Regis.
Ludovicus Pernon
Dominicus Parrenin
omnes è Soc̄te JESU sacerdotes.

393.

Informatio ‖ pro veritate ‖ Contra iniquiorem famam sparsam ‖ per Sinas ‖ cum calumnia in PP. Soc. Jesu, ‖ & ‖ Detrimento Missi‖onis. ‖ Cōmunicata Missionariis ‖ in Imperio Sinensi. ‖ Anno 1717. [Canton.]

Petit in-folio, imprimé avec des caractères en bois, à la manière chinoise : 94 feuillets numérotés sur la tranche avec des chiffres chinois, plus 1 feuillet pour le titre et 1 feuillet de caractères mandchous au commencement.

L'exemplaire que nous avons examiné est celui du British Museum; il est semblable à l'ex. de la Bibliothèque nationale de Palerme décrit par M. Pennino dans son *Catalogo ragionato*, I, 1875, n° 629. — Et il porte le n° 4281, Grenville. Un autre ex. porte le n° C. $\frac{24.\ b.}{3}$ 13 et n'a pas le feuillet de caractères mandchous. Il est relié avec :

1° Copie [manuscrite] du mémoire [en latin] que M. Pedrini [lazariste] présenta à l'Empereur. C. $\frac{24.\ b.}{1}$ 13.

2° Pièce d'un feuillet imprimé d'un côté relative à la question des rites; mandement en latin signé : *Li ning ceu, die 15ª Febr. Anno Dñi 1718 : F. Bernardinus ab Eccla qui supra*

Episcopus Pechinensis. Le P. B. ab Ecclesia a ajouté son sceau et sa sign. manuscrite. C. $\frac{24.\ b.}{2}$ 13.

Le P. Bernardino della Chiesa, mineur observantin de la province de Venise, fut envoyé en Chine avec quatre compagnons en 1680; élu avant de partir évêque d'Argolis; coadjuteur du vicaire apostolique du Yun-Nan.

3° Pièce d'un feuillet imprimé d'un côté relative à l'*Informatio*; mandement en latin signé : *Lin ning ceu, die 24ª Septembris 1718. F. Bernardinus ab Ecclā qui supra Epūs Pechinensis.* Le P. B. ab Ecclesia a ajouté son sceau et sa sign. ms. C. $\frac{24.\ b.}{4}$ 13.

4° Pièce in-fol. imprimée contenant le décret du 24 janvier 1720 qui condamne l'*Informatio*. Romae, Ex typographiâ Reuerendae Camerae Apostolicae 1720. C. $\frac{24.\ b.}{5}$ 13.

5° Pièce imprimée en rouge. C. $\frac{24.\ b.}{6}$ 13 en chinois et en mandchou avec la déclaration en latin :

« Nos Ytoury, Voamtaohoa, Tchaotcham, Aulae *Ouintien*, et ejusmodi, ubi libri conficiun‖tur, locorum Mandarini, obedientes reverenter Imperatoris mandato, ad omnes qui ‖ ex Europa appulerunt, scribimus.

Anno Kam-Hi 45°. PP. Antᵗ. Barros et Antᵗ. Beauvolier : anno Kam-Hi 47°. PP. Joses. Provana ‖ et Raymondus de Arxo de mandato Imperatoris in Europam missi sunt. Multis ab hinc ‖ annis non modò nullum responsum venit, unde verum a falso discerni non potest, sed ‖ etiam confusi rumores afferuntur. Idcirco Mos-

covotis rursus tradita est Epistola de-‖ferenda, quam verisimile est pervenisse. Certè quidem cum homines a nobis mis-‖si redierint, et negotia omnino clara fuerint, tunc adhiberi fides poterit. At ni-‖si homines a nobis missi revertantur, deerit verum fundamentum; et etiamsi‖ quaecumque epistolae vel nuntia venerint, omnino credi non potest. Et veriti ne lit-‖terae penetrare non possint, has scribimus : his versio europaea adjiciatur : omnia ‖ typis mandentur : Proregis Cantoniensis sigillo muniātur : non autem claudan-‖tur : plurimaque Exemplaria omnibus recenter advectis Europaeis distribuantur, ‖ quae ipsi secum asportent. Datum An : Kam-Hi 55°. (1716) 9ᵐᵒ. Lunae die 17ª (octob. 31). ‖

De mandato Imperatoris subscripsimus :

Matthaeus Ripa, Misˢ. Aplicus Sac. Cong. de Prop. Fide. Theodorˢ. Pedrini M. A.	Kilianus Stumpf, Soc. Jesu. Josephus Suares, S. J. Joachimus Bouvet, Soc. J. Joan. Franc. Foucquet, S. J.
Dominicus Parrenin, Soc. J. Petr. Vinc. De Tartre, S. J. Petrus Jartoux, Soc. J. Franc. Cardoso, Soc. J. Joannes Mourao, S. J.	Joseph Baudinus, S. J. Frantz Stadtlin, S. J. Jacobus Brocard, S. J. Joseph da Costa, S. J. Joseph Castiglione, S. J.

Les PP. Ripa et Pedrini ont joué en Chine un rôle important :

Ripa (Matthieu), 馬 *Ma*.

Envoyé en Chine par la Propagande; arrivé en 1710; fondateur du Collège des Chinois de Naples.

« J'ai vu l'abbé Ripa à Naples. Ce bon ecclésiastique a conçu le dessein d'attirer des jeunes Chinois pour les instruire et les renvoyer prêcher dans leur pays. Il en a mené quatre, a acheté, de l'argent que le Pape lui avait donné, une belle maison, couvent et église où il a mis quatre Chinois qu'il a menés et en a fait venir d'autres. L'Empereur donne un revenu pour l'entretien. La Propagande de Rome leur donnera des pouvoirs, et, lorsqu'ils seront en mission, elle se charge de les payer, et, pour lors, ils dépendront d'elle. Le dessein de cet ecclésiastique est le seul moyen de soutenir cette mission.»

Voyage de Montesquieu, 1896, t. II, p. 12.

Pedrini (Théodoric), *Te*.

Lazariste, né à Fermo, dans la Marche d'Ancône, en 1670; arrivé en Chine en 1710, envoyé par la Propagande; † à Pé-king le 10 décembre 1746.

394.

Grammaire chinoise et espagnole.
Fokien. Février de 1682.

Ternaux-Compans qui indique cet ouvrage, n° 2435, ajoute : «Cette grammaire, qui se trouve à la Bibliothèque royale, paraît avoir été composée par un religieux de l'ordre de Saint-François.»

Malgré tous nos efforts, il nous a été impossible de trouver cette grammaire.

395.

Lettre du Pape Sixte-Quint à l'Empereur de la Chine.

La Bibliothèque nationale possède, N. F. Chinois 5061, une grande planche xylographique assez usée, probablement exécutée à Macao, d'environ 0 m. 75 de large sur 0 m. 38 de hauteur, que nous reproduisons, contenant une lettre de Sixte-Quint à l'Empereur de la Chine, datée de Goa, 1590, 3ᵉ mois, ainsi que le marque la première colonne de gauche :

天主 *T'ien-tchou* (Seigneur du Ciel) 生日 *Cheng-Ji* (anniversaire de la naissance) 一千五百九十年 *i t'sien* (mille) *ou-pe* (cinq cent) *kieou-che* (quatre-vingt-dix) 哂呷嘟 (Sixte) 第五 *ti ou* (V) 三月 *san yué* (troisième mois) 天竺 *T'ien-tchou* (Inde) 京 *king* (capitale). Cette traduction chinoise a été faite par quelqu'un peu au courant des formules, témoin la désignation du Pape dans la première colonne de droite et surtout de l'Empereur dans la seconde colonne : 大明國國主 *Ta-Ming kouo kouo-tchou*, Seigneur du Royaume du Royaume des grands Ming; nous sommes loin dans 國主 du titre usité 大皇帝 *Ta Houang-ti*. Dans le cas fort improbable où cette lettre serait arrivée à la Cour, ses auteurs auraient été sévèrement châtiés. Deux missionnaires, 瑪竇 *Ma-teou* et 安東 *Ngan toung* (Li Ma-teou et Me Ngan-toung), les PP. Matteo Ricci et Antoine d'Almeida sont mentionnés dans l'épître. L'Empereur Ming est celui qui régna pendant la période Wan-Li 萬應 (1573-1619). — Sixte-Quint mourut cette même année 1590.

Nous avons vainement cherché l'original latin de cette pièce.

ABRÉVIATIONS.

Fourmont,   Bibl. nat., voir p. 2.
N. F. Chinois,   Bibl. nat., voir p. 2.
Cat.,   Cat. de Siu ca-wei, voir p. 3.
B. M.,   British Museum, Cat. de Douglas, voir p. 3.
École,   École des Langues orientales vivantes, Paris.
Courant,   Catalogue, p. vi.
Bibl. coréenne, Voir p. viii.

INDEX ALPHABÉTIQUE

DES NOMS CHINOIS DES AUTEURS EUROPÉENS.

PUBLICATIONS

DE

L'ÉCOLE DES LANGUES ORIENTALES VIVANTES

QUATRIÈME SÉRIE.

I. **Catalogue de la bibliothèque de l'École des langues orientales vivantes.** Tome I, publié par E. Lambrecht, secrétaire de l'École. Linguistique : I. Philologie. — II. Langue arabe. In-8°, p. xii-624 . . . . 15 fr.

II-VII. **Catalogue de la bibliothèque de l'École des langues orientales vivantes.** Tomes II à VII (*en préparation*).

VIII. **Les populations finnoises des bassins de la Volga et de la Kama,** par Jean Smirnov. Études d'ethnographie historique, revues et traduites du russe par Paul Boyer. — Première partie : Groupe de la Volga, ou groupe bulgare. I. Les Tchérémisses. II. Les Mordves. In-8° . . . . 15 fr.

IX. — Le même. Seconde partie : Groupe de la Kama, ou groupe permien. I. Les Votiaks. II. Les Permiens. In-8° (*sous presse*).

X. **Oumara du Yémen** (xiie siècle); sa vie et son œuvre. Tome I. Autobiographie et récits sur les vizirs d'Égypte. — Choix de poésies. Texte arabe publié par Hartwig Derenbourg. In-8° . . . . 16 fr.

XI. — Le même. Traduction française. In-8° (*sous presse*).

XII. **Documents arabes relatifs à l'histoire du Soudan.** I. Tarikh es-Soudan. Histoire du Soudan, par Abderrahman ben Abdallah El-Tonboukti. Texte arabe et traduction française, par O. Houdas, avec la collaboration de M. Benoist, élève diplômé de l'École des langues orientales vivantes. I. Texte arabe. In-8° . . . . 16 fr.

XIII. — Le même. Traduction française. In-8° . . . . 16 fr.

XIV. **Description des îles de l'Archipel grec,** par Christophe Buondelmonti. Version grecque par un Anonyme, publiée avec une traduction française et un commentaire par Émile Legrand. Première partie, ornée de 52 cartes. Gr. in-8° . . . . 20 fr.

XV. — Le même. Seconde partie. In-8° (*en préparation*).

XVI-XVII. **Le Livre de la création et de l'histoire d'Abou Zeid Ahmed ben Sahl El-Balkhi.** Texte arabe publié et traduit d'après le manuscrit de Constantinople, par Cl. Huart. Tomes I et II. In-8°, chaque . . . . 20 fr.

XVIII. — Le même ouvrage. Tome III. In-8° (*sous presse*).

XIX. **Documents arabes relatifs à l'histoire du Soudan.** Tedzkiret en-Nisian fi Akhbâr Molouk es-Soudân. Texte arabe édité par O. Houdas, avec la collaboration de M. Edm. Benoist. In-8° . . . . 15 fr.

XX. — Le même. Traduction française. In-8° . . . . 15 fr.

CINQUIÈME SÉRIE.

I-II. **Dictionnaire annamite-français (Langue officielle et langue vulgaire),** par M. Jean Bonet. 2 vol. in-8° . . . . 40 fr.

天主 [……]

天主能佑 [……]

天主美[……]

天主 [……]

天主謹規 [……]

天主相合 [……]

www.ingramcontent.com/pod-product-compliance
Lightning Source LLC
Chambersburg PA
CBHW061354060726
47597CB00003B/869